LA CONVERSION

Vivre selon Lucrèce

DU MÊME AUTEUR

aux éditions Bouquins

La Danse des simulacres. Une philosophie du goût, coll. « Bouquins », 2019
La Nef des fous. Journal du Bas-Empire, Bouquins, essai, 2021
Vies Philosophiques, coll. « Bouquins », 2021
L'art d'être français, Bouquins, essai, 2021
La Naissance des choses, coll. « Bouquins » (coédition Mollat), 2021

aux éditions Robert Laffont

Le Deuil de la mélancolie, 2018
Théorie de la dictature, 2019
Le Temps de l'étoile polaire. Journal hédoniste, 2019
La Vengeance du pangolin, 2020
Vies parallèles. De Gaulle et Mitterrand, 2020

MICHEL ONFRAY

LA CONVERSION

Vivre selon Lucrèce

BOUQUINS
essai
| *MOLLAT*

92, avenue de France 75013 Paris

ISBN : 9782382921128
Dépôt légal : novembre 2021

Pour Augustin et Clémence

In memoriam Bernard Combeaud

Le livre de Lucrèce a changé ma vie mais, hélas, je n'ai jamais pu le lire en latin. Le peu que j'appris de cette langue, ce fut au collège, et dans de si mauvaises conditions que c'est pire encore que de n'en avoir jamais rien su : on en perçoit le génie, mais il nous reste celé…

Pratiquer une langue est une chose, *lire le latin comme son journal*, c'était l'expression de mon vieux maître, Lucien Jerphagnon, en est une autre. C'est un métier à part entière, et il exige l'ascèse d'une longue fréquentation ! J'ai fait mon deuil de ce plaisir-là.

Avec le latin, mais également avec les autres langues, j'ai l'habitude de lire un texte de référence que j'agrémente de toutes les traductions disponibles. J'ai découvert ***De la nature des choses*** dans une édition aujourd'hui dépenaillée. De ce volume acheté d'occasion quand j'avais dix-sept ans – à la librairie de livres anciens Arcanes, à Caen, au pied de l'université, chez mon cher Claude Frérot –, à l'édition savante de la Pléiade, en passant par les éditions versifiées ou en prose du même Jean-Baptiste Sanson de Pongerville en volumes magnifiquement reliés – une belle infidèle élégante composée en alexandrins… –, sans oublier les deux volumes Budé, plus quelques autres, je crois les avoir toutes.

Mais, en dehors de celle De Pongerville, dont j'ai dit l'élégance en même temps que l'infidélité, aucune ne prend le parti d'une traduction véritablement poétique qui respecterait la métrique latine de l'époque. Je le comprends, car traduire un texte philosophique est une chose, cela nécessite de la rigueur et de la précision, traduire un poème en est une autre qui nécessite les mêmes vertus, le talent du poète en plus. De Pongerville fait danser le poème en alexandrins, c'est bien, mais la pensée trouve mal sa place dans cette métrique faite pour le Grand Siècle.

J'ai rencontré Bernard Combeaud grâce à mon ami Denis Mollat à Bordeaux.

Bernard était inspecteur général de latin et de grec dans l'Éducation nationale. On ne devait pas rigoler beaucoup les jours d'inspection… Il était d'une érudition confondante, et je l'ai vu un jour improviser une conversation sur les invasions barbares dans le Sud de la France jour par jour, heure par heure, kilomètre carré par kilomètre carré avec un certain Jean-Pierre Chevènement, qui jouait dans la même cour. Époustouflant…

Pour les éditions Mollat, il a établi le texte de l'œuvre complète d'Ausone, un poète bordelais. Il a rendu une copie sidérante en traduisant la totalité de ce qui avait été écrit sous ce nom selon la métrique latine du IVe siècle de notre ère. Un exploit qui associait rigueur, précision, érudition, mais surtout : élégance.

Je lui ai demandé s'il pouvait me traduire quelques pages de Lucrèce pour mon plaisir personnel. Il m'a demandé lesquelles, je lui ai envoyé celles qui concernent l'amour. On les trouve dans le livre IV. Je ne dirai pas par retour du courrier, mais presque, il m'envoya… la totalité du quatrième livre traduit !

J'osai une demande un peu folle : il avait passé si peu de temps à produire cette traduction magnifique que je lui demandai s'il pouvait envisager une intégrale. Quelques mois plus tard, j'avais les six livres sur mon bureau. Denis Mollat en a fait un ouvrage que les éditions Bouquins ont publié avec l'appareil critique qui, lui aussi, est d'une érudition confondante.

Bernard Combeaud avait le projet tout aussi fou d'une biographie de Lucrèce. On sait qu'on ne sait rien de sa vie. Mais Bernard estimait que la fréquentation intime du texte lui avait permis d'entrapercevoir un homme, et il se proposait d'en écrire la vie. Il croyait que Lucrèce n'avait pas fait son livre avec les livres des autres, mais que ses connaissances en médecine, en charpente de marine, en minéralogie et dans d'autres disciplines témoignaient en faveur d'un praticien de ces choses-là.

La mort l'a empêché de mener à bien ce projet. Lors de notre dernier déjeuner en tête à tête, alors que le cancer l'emportait et que, je le savais, il ne se doutait pas que ce serait si rapidement, je l'avais interrogé sur l'avancée de cette biographie. Dans un nuage de fumée de cigarette, entre l'entrée et le plat de poisson qu'il avait calciné, il avait éludé : « Des notes, pour l'instant, des notes… » Cette *vie de Lucrèce* est morte une seconde fois.

Cette ***Conversion*** cite bien sûr sa traduction et nulle autre. Il y aura des grincheux pour râler contre. Probablement ceux qui ont toujours rêvé de s'y mettre, n'ont jamais commencé et, sans l'avouer ni se l'avouer, se trouvent sidérés par le résultat.

La Naissance des choses, telle que traduite par Bernard Combeaud, est l'œuvre d'un homme qui, parmi tant d'autres choses, connaissait par cœur les lettres latines, la littérature française et la poésie. Je songe à la poésie maniériste, baroque, mais aussi à quelques-uns des poètes en langue française qui n'ont pas succombé à la facilité mallarméenne. Il y a, peut-être me trompé-je, du Philippe Jaccottet dans cette traduction.

Elle est exigeante, élégante, puissante, parfois précieuse – comme lui qui me manque.

Introduction

Construction d'une âme matérielle

1

Bien qu'athée, je suis tout de même le produit du catholicisme d'avant le concile de Vatican II qui a engagé la religion dans un lent et long processus de désacralisation. Lent, long et fatal. Cette religion qui fut celle de l'allégorie, du symbole, de la métaphore, de l'icône, de l'image est devenue la pitoyable machine molle de la morale moralisatrice la plus bêtifiante. Ce concile a nettoyé le catholicisme de toute transcendance.

Mais à quoi peut bien ressembler une religion une fois débarrassée de ses voies d'accès à l'au-delà ou aux arrière-mondes qui constituent la spécificité des religions ? Quid du sacré dans un monde de pure immanence ? Quel sens donner à sa vie dans une époque insensée ? Quelle éthique et quelle morale dans un temps sans éthique et sans morale ? Quelle boussole dans une ère foncièrement nihiliste ? Dans *ce* temps nihiliste…

Mon âme matérielle a donc été construite, comme tout le monde, par des parents, un milieu, une époque.

Je suis né en 1959 et, dans les années soixante du siècle dernier, le monopole de la spiritualité était confisqué par la religion catholique. Qu'au XVIIe siècle Pierre Bayle ait pu démontrer qu'on pouvait être athée et vertueux ne servit à rien : dans mon village natal de Chambois, dans l'Orne, sous le règne du général de Gaulle, un mécréant était un être déjà pris et gagné par le diable…

Mon éducation spirituelle se fit donc à l'histoire sainte et à la cosmologie fantasque de la religion catholique. Le Bon Dieu, la Sainte Vierge, Jésus de Nazareth, les trois couleurs des Rois mages, Gaspard, Melchior et Balthazar, l'étoile qui les guide, l'âne et le bœuf, la fuite en Égypte, le méchant roi Hérode, les miracles, les apôtres, la montée au Golgotha, Ponce Pilate, la crucifixion, Barrabas, la mort et la résurrection, le troisième jour, d'un Christ « assis à la droite du Père ». Enfant, j'imaginais mal qu'il y ait une droite et une gauche dans le ciel, mais bon… Il y avait également la crainte de l'enfer, la promesse du purgatoire, les délices du paradis.

La morale sortait toute armée de cette cosmologie poétique : il fallait faire le bien pour être sauvé ; y manquer c'était être damné ; avoir mené une vie entre les deux, un peu pécheresse, mais sans péchés mortels – mais qu'est-ce qui permet de distinguer le véniel du mortel quand on a dix ans ? –, et stagner dans un purgatoire dont les prières des autres pouvaient nous sortir : voilà ce qui, à l'époque, constituait l'horizon ontologique et éthique indépassable.

Le mal était consigné sur des fiches cartonnées entassées sur des bancs, près des fonts baptismaux où j'ai été porté après avoir été ondoyé à la maternité. On les lisait et relisait avant de se confesser afin de faire le bilan de sa vie morale. Sales, noirs, graisseux à force d'avoir été tripotés par des ouailles de tous les âges, ces cartons listaient les péchés : mentir, voler, jurer, désirer le plaisir des sens, c'était se retrouver à la porte des enfers où l'on grillait éternellement en y expérimentant les tourments les plus extravagants ! Manger plus que de raison, boire autre chose que de l'eau, trouver plaisir à un bon repas arrosé, c'était péché de gourmandise. Désirer une jeune fille de sa classe, se caresser, se masturber en pensant à elle, avoir des pensées lubriques, c'était péché de luxure. Avoir une haute estime de soi, être arrogant, suffisant, prétentieux, orgueilleux, c'était pécher contre la vertu d'humilité. Le vol, la violence, l'adultère, le crime, une fois commis avec la conscience qu'il s'agissait de fautes, constituaient des péchés mortels.

Quand on a dix ans, comment peut-on songer à coucher avec la boulangère qui semble avoir l'âge de notre grand-mère ? Quel enfant peut avoir eu le projet d'armer un fusil de chasse pour se débarrasser d'un copain gênant ? Quel bambin pas même pubère peut avoir bu du vin plus que de raison au point d'être ivre mort ? Le péché, pour un enfant, ne pouvait être que broutilles, un doigt dans le pot de confiture, mais c'était avec ces broutilles que le prêtre jouait de terreur pour contraindre plus qu'inviter au bien assimilé à la sainteté.

Or la sainteté n'est pas de ce monde. Dès lors, si le curé obtenait un tant soit peu de moralité ou de morale, c'était au prix d'une incroyable violence psychique faite de tortures mentales, de menaces psychologiques, de chantages ontologiques. La vertu s'obtenait par la crainte. Le bien se payait au prix de la peur. La valeur n'allait pas sans une intense culpabilité. À dix ans, n'y avait-il pas d'autres moyens d'obtenir une vie droite ?

Le Bon Dieu ne me paraissait pas si bon qu'il ait besoin de menacer de flammes éternelles et d'une telle géhenne quiconque n'aurait pas aimé des parents détestables alors qu'il est précisé dans les dix commandements qu'il faut honorer son père et sa mère. Du haut de mes dix ans, j'estimais qu'on devait, qu'on pouvait, même, honorer qui se montrait honorable, digne d'être honoré, mais eu égard à ce que *faisait* cette personne, non en considération de ce qu'elle *était*.

Le catholicisme de mon père était païen au sens étymologique – chez les Romains, le *paganus* est le paysan, l'homme des champs. Il héritait de siècles d'empirisme qui produisaient le bon sens et l'enracinement du corps, du cœur et de l'âme dans le cosmos. Il ignorait que Jésus était une fiction théologique dont la biographie fictive épousait de façon très païenne les mouvements de la lumière dus à ceux de la Terre autour du Soleil : les équinoxes et les solstices correspondent tous à des dates importantes dans la vie fictive du Christ.

Un seul exemple : sa naissance ne fut pas fixée par hasard aux fêtes du Soleil invaincu, au solstice d'hiver, quand la nuit est la plus longue et le jour le plus court, juste avant que la lumière ne renaisse et ne revive comme une espérance de vie dans la nature – une espérance chlorophyllienne et païenne, somme toute... Lors de ce solstice d'hiver, nous allions à la messe de minuit et nous retrouvions ensuite les cadeaux dans la cheminée. La bûche à la crème au beurre de Noël, c'était en souvenir du morceau de bois qu'on ajoutait au feu pour lui donner une nouvelle force. Le sapin, c'était l'arbre toujours vert, même l'hiver, qui ne perd pas ses feuilles.

On pourrait continuer avec Pâques, associé à l'équinoxe de printemps, et qui, avec sa tradition des œufs, qui symbolisent autant de promesses de vie à venir – ici la vie du Christ sauveur qui succède à celle de Jésus prophète. Le printemps, c'est la montée de la sève, le retour de la vie après l'engourdissement de l'hiver, c'est la promesse des fleurs, puis des fruits qui nourrissent et réjouissent les hommes.

Mon père me parlait des rogations qui, avant l'Ascension, permettaient au prêtre d'invoquer Dieu, en fait la Nature, le *deus sive natura* spinoziste, pour obtenir la prospérité des moissons. C'était purement et simplement un recyclage des vieilles fêtes romaines des Rogalia ! Vatican II a tourné le dos à ces fêtes en les laissant mourir de leur belle mort. Aux Rameaux, il rapportait du buis béni. Il en ornait un crucifix dans la maison et la médaille de saint Christophe, le patron des automobilistes, dans la 2CV familiale. Nous allions sur les tombes de nos morts coincer une petite branche sous les bras des crucifix des cimetières de campagne endommagés par le temps, la pluie, le gel, la lumière. Car tout meurt, même la mort. Un « Notre Père », et la vie reprenait ses droits.

2

À force de leçons de catéchisme, de messes servies comme enfant de chœur, de célébrations dominicales ou de quatre années (1969-1973) passées dans un orphelinat de prêtres salésiens, le christianisme n'a pas manqué pour moi d'être un objet de réflexion. J'entendais ces sermons, ces lectures des épîtres de Paul ou des Évangiles, j'écoutais ces paraboles et percevais vaguement que, derrière elles, il existait un sens caché.

Dans mon esprit d'enfant qui vagabondait pendant ces longues heures d'ennui, je concevais de façon intuitive qu'il n'était par exemple pas possible que, *factuellement*, Jésus ressuscite Lazare, ce qui choquait plus mon bon sens que ma raison alors en cours de constitution. Mais puisqu'on racontait cette histoire, il fallait bien qu'*allégoriquement* elle ait un sens caché. Je pouvais dès lors tenir les deux bouts d'une histoire allégorique et d'une signification philosophique. C'est le génie du christianisme d'avoir été une religion qui donne une grande place à la symbolique.

Lazare était mort de son vivant parce qu'une vie dépourvue de sens est semblable à celle d'un cadavre; sa rencontre avec Jésus le sort de son tombeau ontologique pour le faire naître ou renaître grâce à la rencontre de son Verbe – autrement dit de son Être même; il se trouve sauvé par cette rencontre et peut désormais quitter sa sépulture allégorique pour mener une vie philosophique selon l'ordre des raisons de Jésus. Lazare vivait *perinde ac cadaver*, «pareil à un cadavre», sa rencontre avec le Christ le fait entrer dans la vie véritable qui est celle de la vérité d'un enseignement.

Je me souviens du moment où j'ai eu cette intuition : c'était dans l'église de Chambois, sur le côté masculin de la nef, à mi-hauteur, alors que je regardais à ma gauche le christ en bois qui s'y trouve encore. Je consentais à ces histoires, pourvu qu'on en fasse une lecture allégorique, symbolique, métaphorique.

J'eus un temps envie d'être moine pour mener à bien cette élucidation pour moi-même. Je songeai à un travail de bénédictin, comme il est dit, afin de résoudre les énigmes des paraboles en ce sens. Mais, pour ce faire, il fallait la foi, c'est le minimum exigible, et je ne l'avais pas.

J'écris que je ne l'avais *pas* et non que je ne l'avais *plus*, car, aussi loin qu'il m'en souvienne, je n'ai jamais cru de façon mystique. J'ai souscrit aux récits de l'histoire sainte aussi longtemps qu'aux fables du père Noël ou à la fiction locale de la mère Tirepattes, dont on disait, dans mon village, qu'elle était une créature qui vivait dans les eaux et attrapait parfois par les jambes, les pattes, les enfants imprudents qui se seraient trouvés trop près du bord de l'eau, la rivière, les mares, les lacs, les étangs, pour les engloutir et les faire disparaître à jamais. Si le père Noël n'a pas survécu à la découverte d'un circuit électrique sous le lit de mes parents quelques jours avant Noël, que la mère Tirepattes n'a pas tardé à le suivre, Dieu fut englouti dans le cimetière de mes illusions à cette même époque.

Je fus donc très tôt sans Dieu. Presque instinctivement, intuitivement, viscéralement. La raison vint ensuite. Au lycée privé Jeanne-d'Arc d'Argentan (1973-1976), j'avais alors quinze ou seize ans, lors d'une matinée consacrée à l'orientation, un enseignant de La Catho d'Angers est venu présenter son établissement. L'idée de faire des études de théologie m'a tout de suite plu. J'hésitais à l'époque entre biologiste – j'avais lu Jean Rostand avec passion au collège –, instituteur – sous l'influence de ma lecture de Maria Montessori et de ***Libres enfants de Summerhill*** d'Alexander Sutherland Neill –, ou conducteur de trains pour gagner ma vie rapidement.

On m'a fait savoir que la théologie n'était pas une entreprise de déconstruction ou de démolissage de Dieu mais une machinerie intellectuelle destinée à fonder, légitimer ou fortifier une foi déjà existante ! J'avais envie de réduire le christianisme à son puzzle historique, on m'expliqua que ça n'était pas le genre de la maison théologique.

Je ne fus ni moine à douze ans, ni étudiant en théologie à quinze...

3

Vint alors Nietzsche !

Il est facile d'aimer ce philosophe pour de mauvaises raisons. Des antisémites, des fascistes, des nazis, des brutes, des égotistes, des ratés et autres petites natures intellectuelles peuvent facilement y trouver leur compte avec force prélèvements.

Or, la pensée de Nietzsche est dialectique. *Chameau*, il vit et pense un temps sous l'empire de Schopenhauer et de Wagner qu'il porte comme des fardeaux ; *lion*, il se purifie du pessimisme de l'auteur du ***Monde comme volonté et comme représentation*** et de la mégalomanie du concepteur de Bayreuth rendu possible par les aristocrates, les banquiers, les financiers, les antisémites, les bourgeois, en souscrivant au projet épicurien d'une communauté d'amis rassemblés pour mener une vie philosophique – avec Paul Rée et Lou Salomé ; *enfant*, cette fois-ci pour se purifier de la relation toxique avec ses deux amis, il élabore sa propre philosophie qui est celle du surhumain. Nietzsche a lui-même théorisé ces trois métamorphoses dans ***Ainsi parlait Zarathoustra***, livre allégorique s'il en est un, un « cinquième évangile », comme il disait.

Le surhumain, en fait plutôt le surhomme, plus qu'un autre concept, est sujet à caution ! Sa sœur, qui fut fasciste et nazie, a rencontré Mussolini et Hitler. Elle a fabriqué des faux, dont ***La Volonté de puissance***, pour en faire un précurseur des fascismes européens, ce que bien sûr il ne saurait être puisque sa philosophie fataliste et déterministe invite à aimer ce qui advient, c'est le sens de son *amor fati*, sûrement pas à vouloir changer l'ordre du monde avec un projet fasciste !

Je n'ai compris le sens véritable de cette philosophie du surhomme que tardivement, après trente années de lecture et de méditation du philosophe.

Avant cette heure, Nietzsche arrivait dans ma vie comme une bénédiction ! Sa guerre contre le christianisme me ravissait : une secte pour les esclaves devenue religion pour les puissants ; le rôle majeur de la révolte ressentimenteuse dans la constitution d'une morale de la vie mutilée ; la production d'un corps diminué avec l'idéologie de l'idéal ascétique ; la haine de la vie à laquelle on préfère la souffrance, la mort, sous prétexte d'inviter à l'imitation de la vie du Christ sur la croix ; la dévalorisation de la sexualité et son encagement dans le mariage, la monogamie, la fidélité, la cohabitation, la procréation ; le rôle néfaste de saint Paul dans la construction d'une religion si souvent contradictoire avec les enseignements d'un Jésus philosophe – tout cela tombait à pic dans ma cervelle d'adolescent en colère.

Mais que peut bien signifier *vivre selon Nietzsche* quand on a dix-sept ans ? Outre, je le répète, que sa doctrine du surhumain ne m'apparaissait pas encore en pleine lumière, encombrée qu'elle était par les lectures fautives de Foucault et de Deleuze, l'idéal d'une soumission somme toute très stoïcienne au monde ne pouvait me convenir. Aimer son destin en sachant qu'il se répète sans cesse et se répétera dans les mêmes formes dans les cycles perpétuels de l'éternel retour, je ne pouvais y consentir. Il eut fallu pour cela souscrire à la théorie de l'éternel retour ! Et puis, que ma vie ait déjà été dans un nombre de fois incommensurable sous la même forme et qu'elle le serait un nombre incommensurable de fois dans les mêmes formes, sans que rien n'y bouge d'un iota, je ne pouvais l'admettre…

J'aimais chez Nietzsche ses colères, ses furies, ses intuitions, ses fâcheries, ses traits de génie, mais aussi ce qui plaît à un adolescent tourmenté par ses démons : ses bêtises sur les femmes, ses éloges de la puissance, son envie de raser le Vatican pour y faire un élevage de serpents, les imprécations de son ***Antéchrist***, sa psychologie désespérée dans l'esprit des moralistes français sur la nature humaine.

Et après ?

Vivre selon Nietzsche, du moins selon le surhumain, voilà qui suppose l'adhésion à l'éternel retour, une scie musicale dans presque toute la philosophie antique. Et puis cette pensée s'avère une philosophie d'épuisé qui baisse les bras et consent au monde tel qu'il est. Où sont le bien et le mal dans cette histoire ? Pourquoi, et surtout comment, préférer la vertu au vice si le libre arbitre n'existe pas, qu'on n'a pas le choix et que, selon le philosophe allemand, rien ne distingue ontologiquement le bourreau et sa victime ? Puisque celui qui a vécu une infinité de vies dans la peau d'un bourreau vivra une infinité de vies dans la même peau, sans pouvoir en changer, idem avec celui qui répétera sans fin sa vie de victime, que faire d'autre sinon subir ? Aimer ce qu'il y a à subir, dit Nietzsche ! Va quand on se trouve aux portes de la mort, mais avant, faudrait-il vivre une vie de mourant pour mener une vie de vivant ? J'y voyais une aporie philosophique en même temps qu'une impasse existentielle.

4

C'est Lucrèce qui m'en sortit.

Il vint avec Lucien Jerphagnon, qui enseignait alors la philosophie antique à l'université de Caen – il était le collègue d'un ex-marxiste-léniniste passé chez Lacan qui trouvait génial un Deleuze qu'il ne parvenait ni à comprendre ni à expliquer. Il y avait également dans cette université un professeur marxiste dont on disait qu'il était au comité central du PCF et qui fumait des cigarillos dès huit heures du matin dans une salle de cours minuscule ; un vague épistémologue qui se curait les oreilles en cours avec ses clés de voiture, spécialiste de la logique formelle ; un grand esthète dégingandé qui enseignait l'esthétique musicale en poussant inlassablement dans les couloirs un ReVox sur un petit chariot à roulettes ; un luthérien allumé et décharné incapable de regarder qui que ce soit en face, qui rédigeait son cours sur le verso des professions de foi des candidats aux élections ; un descendant de Russes blancs dont on ne sait s'il devait sa dérive à l'alcool ou aux médicaments – c'était peut-être les deux ; l'un de ses disciples qui avait fait une thèse sur le contre-révolutionnaire Joseph de Maistre, et Mme Goyard, qui fut ma directrice de thèse, « le seul homme de l'Institut », disait mon vieux maître, qui, elle, lisait, travaillait, publiait, ce qui n'était pas le cas de tout le monde…

J'ai beaucoup dit et écrit ce que je devais à mon vieux maître. À rebours des modes de cette époque, le structuralisme et le gauchisme culturel faisaient la loi, il revendiquait une « méthode érudite », selon son expression. Autrement dit : du savoir, du travail, de la lecture, des prises de notes, de l'écriture, du sérieux, pas d'idéologie. C'est toujours ma méthode.

Lucien Jerphagnon présentifiait Rome comme personne : il était un contemporain de la Ville éternelle qu'il connaissait comme sa poche. Il avait tout lu sur ce sujet. Tout retenu aussi. Il mobilisait les historiens romains, citait Suétone ou Tacite pour expliquer la vie politique du moment, Plaute ou Térence pour se moquer du monde, il avait l'ironie d'un couteau toujours affûté, comme son long corps osseux fait pour les extases plotiniennes, il racontait les embarras de Rome avec Juvénal, les prostituées avec Properce, la drague dans les amphithéâtres avec Ovide, la vie épicurienne avec Horace, les coucheries avec Tibulle, le néoplatonisme enseigné à Rome par Plotin, qui était le philosophe par lequel il avait connu sa propre conversion : mais celle-ci de la prêtrise, qui fut son univers pendant une décennie, au monde profane...

Il fut mon professeur pour trois unités de valeur, des UV, comme on disait alors : une sur les preuves de l'existence de Dieu chez Thomas d'Aquin en philosophie médiévale, une autre, en philosophie antique, sur les ***Ennéades*** de Plotin, une enfin sur ***De la nature des choses*** de Lucrèce. Et là, ce fut *ma conversion*...

Il arrivait en cours comme s'il était poursuivi par le feu. Il franchissait la porte et, en trois ou quatre enjambées du Gargantua maigre qu'il était, il arrivait sur l'estrade, posait son cartable sur la table, mettait sa montre à gousset sur le bureau, sortait de sa besace philosophique un Budé de Lucrèce constellé de notes, l'ouvrait et partait pour un long voyage dont on sortait deux heures plus tard, couvert de la poussière romaine. Il y avait de l'humour, de la drôlerie, de l'ironie, des jeux de mots, des saillies, des éclairs, de l'orage, de l'érudition.

J'eus cette année-là un cours de métaphysique donné par le professeur communiste et tabagique, un enseignement sur les bonnes ou les mauvaises raisons de traduire *ousia* en grec par *substantia* en latin dans la ***Métaphysique*** d'Aristote ! J'ai copié sans lever le stylo tout ce qui fut dicté pendant une année. À l'heure qu'il est, je suis bien incapable d'improviser deux phrases sur ce sujet…

En revanche, je pourrais restituer la totalité de ce qui fut dit par mon vieux maître sur Lucrèce sans avoir pris quelque note que ce soit…

En début d'année, il nous avait donné un plan, les références aux textes à lire et annoncé les devoirs à rendre en nous disant qu'il n'y aurait aucune bonne raison de ne pas remettre le travail à la date prévue et qu'il n'y aurait pas de jambe cassée ou de grand-mère morte qui tiennent. Il nous donna l'adresse où l'on pouvait lui écrire à son domicile de Taverny, au 9, allée de la Châtaigneraie, et ajouta que, si la poste le permettait, on aurait la réponse le lendemain. Il conclut en citant Montherlant : « Qui vient me voir me fait plaisir, qui ne vient pas me voir me fait plus plaisir encore. » De quoi calmer les intempestifs. Il y avait de l'Alexandre chez ce Diogène…

Le coup de foudre pour l'homme Lucien Jerphagnon, je l'eus aussi pour l'œuvre de Lucrèce. Car, d'un seul coup d'un seul, je disposais d'une philosophie clé en main qui permettait d'accrocher la morale à autre chose qu'à un clou transcendant, théologique.

Je n'avais pas vingt ans, et, à cet âge, on n'est guère plus sérieux qu'à dix-sept. C'était la première fois que je découvrais une pensée qui n'était pas antichrétienne, et pour cause, elle précédait le Christ de quatre siècles avec Épicure et d'un siècle avec Lucrèce, et qui faisait de la morale une règle du jeu immanente qui permettait aux hommes de vivre en société sans crainte des dieux, des enfers, de la religion, des arrière-mondes, de la damnation. Car l'épicurisme est une philosophie, une spiritualité également, qui ignore le péché, la faute, la culpabilité ; c'est aussi une pensée qui ne méprise pas le corps, la chair, les sensations, les émotions, les perceptions ; c'est une éthique hédoniste qui fait du plaisir le souverain bien et ne condamne pas la jouissance ou les plaisirs sexuels ; c'est une théorie concrète qui fait de la souveraineté sur soi la garantie d'une intersubjectivité pacifiée ; c'est une vision du monde radicalement matérialiste qui ne laisse place à rien d'autre qu'à des atomes qui tombent dans le vide pour expliquer aussi bien les comètes que l'amour, le langage que l'amitié, les arcs-en-ciel que la poésie, les âmes que l'esprit, de sorte qu'elle évacue les fictions immatérielles, incorporelles, spirituelles, idéalistes, célestes qui font le bonheur de Platon – et des chrétiens. C'est donc une physique qui abolit toute métaphysique ; c'est enfin une morale sans obligation ni sanction de haute tenue qui conduit à la sagesse pratique et permet d'imaginer que la vie philosophique peut être de ce monde.

Cette sagesse pratique est depuis quatre décennies mon horizon existentiel. Je n'ai jamais eu à le regretter. Lucien Jerphagnon a été pour moi l'occasion d'une *conversion existentielle*. Je souhaite avec ce livre rendre ce que j'ai reçu de lui.

1

La vie blanche de Lucrèce

La question de la biographie de Lucrèce se trouve rapidement réglée : on ne sait rien de lui…

Rien mais trop tout de même. Car un texte fielleux de saint Jérôme, quelques lignes écrites dans sa ***Chronique***, quatre siècles après la mort du philosophe, le salit : « Date de naissance du poète Lucrèce. Par la suite, devenu fou pour avoir bu un philtre, après avoir composé durant ses intervalles de lucidité quelques livres que Cicéron corrigea ensuite, il se tua de sa propre main à l'âge de quarante-quatre ans. » Voilà ce qui s'appelle une exécution.

De la même manière que le nom de Démocrite n'apparaît nulle part dans l'œuvre complète de Platon – mais qu'on sait par Diogène Laërce, qui nous l'apprend dans ses ***Vies, doctrines et sentences***

des philosophes illustres, que le succès du philosophe matérialiste fâchait tellement le penseur idéaliste qu'il manifesta le désir d'un immense autodafé de ses œuvres –, l'existence de Lucrèce ne peut que gêner un philosophe chrétien ayant tout intérêt à calomnier la vie et l'œuvre d'un homme plutôt que de tenter de venir à bout de ses thèses par l'exercice de son intelligence critique. Épicure, en son temps, eut également affaire à la calomnie et aux attaques *ad hominem* qui constituent la meilleure façon de montrer que la pensée gêne et que l'on ne parvient pas à l'invalider.

De la nature des choses est en effet une œuvre qui empêche radicalement toute pensée chrétienne : quand tout n'est que matière, comme chez les atomistes, l'âme ne saurait être immatérielle. De sorte que l'âme matérielle des épicuriens, qui se trouve composée d'atomes liés que la mort délie, interdit les fictions d'une vie après la mort, d'un salut ou d'une damnation *post mortem*, d'un homme qui meurt et ressuscite le troisième jour, d'une messe au cours de laquelle une hostie faite de farine et du vin composé d'eau et de jus de raisin seraient le corps réel et le sang réel, et non pas allégorique ou symbolique, du Christ. Nul enfer, nul purgatoire, nul paradis pour les âmes immatérielles ne sont possibles chez un matérialiste atomiste ; dès lors, tout le dispositif chrétien tombe.

En une poignée de mots qui évitent de parler du contenu du livre, le motif pourtant de cette haine, saint Jérôme assène ses coups : la raison de Lucrèce s'est trouvée déséquilibrée par l'absorption d'une boisson de sorcière, philtre qui aurait été servi au philosophe par une femme jalouse. Il aurait, de ce fait, écrit des élucubrations dans de rares moments de lucidité entre ses périodes de folie. Détraqué, il aurait été dépressif et, bien sûr, se serait suicidé dans ses années de maturité, preuve du dérangement de son esprit !

La lucidité de Lucrèce accompagne sa lecture tragique du monde. Il sait que le flux fait la loi et que tout passe, rien n'est intemporel, tout est mortel, rien n'échappe à l'entropie, à la mort, ni les hommes ni le monde qui, les uns et les autres, naissent, croissent, décroissent et disparaissent. Cette radicalité tragique peut faire croire à un tempérament dépressif, et il est facile de passer de cette lecture sombre mais vraie du monde au discrédit de son auteur qui devrait moins son savoir tragique à une juste et saine analyse du réel qu'à sa complexion présentée comme pathologique. Du tragique perçu par l'intelligence au suicide il n'y a qu'un pas franchi par le folliculaire qui pathologise pour n'avoir pas à penser le réel dans toutes les dimensions de sa puissance sombre.

Précisons que, dans l'Antiquité, les biographies de philosophes ne sont pas factuellement exactes mais bien plutôt allégoriquement justes : ainsi, si l'on ne prend que le cas de Diogène de Sinope, examiné par Diogène Laërce dans ses ***Vies, doctrines et sentences des philosophes illustres***, le philosophe cynique meurt d'au moins trois façons ! Dans le cas où l'une serait vraiment vraie, il faut bien que deux soient fausses. Reste que si les trois peuvent également factuellement dire faux, elles diront tout de même philosophiquement vrai...

Je m'explique.

L'antique historien de la philosophique antique récapitule les versions de la mort de Diogène de Sinope : il succombe à la morsure d'un chien à qui il disputait un os ; il mange un poulpe cru qui entraîne une indigestion – ce repas omophagique aurait eu lieu à la suite d'un pari ; enfin, il trépasse après avoir décidé de s'arrêter de respirer... Mordu par un chien, empoisonné par un poulpe, asphyxié par lui-même, voici trois versions qui, au premier abord, paraissent contradictoires mais qui, après réflexion, s'avèrent cohérentes : car Diogène meurt comme il a vécu, en cohérence avec ses enseignements.

Précisons : Diogène se dit « cynique », c'est-à-dire, selon l'étymologie… « chien ». Sa philosophie apprend en effet à naturaliser la vie, à l'ensauvager, à la déculturer. Ce qui le conduit à prendre modèle sur les animaux en général : les poissons qui pratiquent l'onanisme, les souris qui se contentent de manger les miettes des reliefs, les grenouilles qui savent endurer le froid, et les chiens en particulier.

Dès lors, il pisse et défèque sur la voie publique, il copule au vu et au su de tous, il se masturbe de la même manière, il boit de l'eau à la source et mange des épluchures, il mord la main de qui le nourrit, il aboie contre ce qui le gêne. Platon réunissait-il ses disciples à l'Académie, Aristote au Lycée, les stoïciens au Portique ? Pour singer ses confrères, Diogène choisit le cimetière pour chiens !

En somme, le philosophe cynique a bien pu *réellement* mourir de vieillesse dans son lit, sans falbalas, puisqu'il meurt largement octogénaire. Si l'on veut *allégoriquement* une mort à la hauteur de son enseignement, les trois versions conviennent : se faire mordre par un chien à qui l'on chicane sa nourriture quand on annonce qu'il faut vivre comme un chien ; succomber d'une indigestion quand on dévore cru, de façon naturelle donc, un poulpe qu'on refuse de cuire parce que la cuisson, c'est la civilisation, c'est également raccord, qui plus est le faire à l'issue d'un pari qui témoigne du caractère provocateur du philosophe grec ; passer de l'autre côté en s'ôtant la vie par l'exercice radical d'une volonté quand on a enseigné pendant toute sa vie la nécessité d'exercices spirituels pour fortifier son vouloir (demander l'aumône à une statue pour s'habituer au refus par exemple, ou se rouler nu dans la neige pour s'endurcir aux morsures de l'hiver...) : voilà qui témoigne d'une congruence existentielle. Diogène associe la théorie et la pratique, l'enseignement et la vie.

C'est probablement selon ces principes de biographies édifiantes, même négatives, que saint Jérôme extrapole pour faire coïncider l'existence de Lucrèce avec sa pensée : cet homme nie l'existence de Dieu, la providence, les causalités théologiques, l'immatérialité de l'âme, la vie après la mort, la possibilité même de l'amour ; il affirme que tout est constitué de matière, que les atomes tombent dans le vide et que tout vient de là ; que le monde n'a pas été créé par Dieu, qu'il existe des dieux, certes, mais qu'ils sont matériels et situés dans les intermondes qui lient les mondes multiples ? Cet homme est donc bel et bien un fou ! Il a dit de l'amour que c'était une pure et simple affaire d'agencements atomiques et non de sentiments électifs ? Que ces fureurs de la passion induites par le jeu des particules rendaient les hommes fous ? Qu'il fallait éviter l'amour exclusif ? Que l'usage du bordel était sinon préférable du moins justifiable ? Faisons-le donc mourir d'une femme qui, jalouse, l'aurait empoisonné avec un philtre ! Il dit que tout passe et que rien ne dure ? Que le temps n'existe pas ? Qu'il n'y a pas de châtiments après la mort ? Que l'enfer est sur terre ? Que le monde est destiné à périr puis à renaître ? Que la mort est ce vers quoi va toute vie ? Que les pierres même vieillissent ? Que le cadavre est indifférent à tout ce qu'on lui fait ? Que le néant dont nous provenons équivaut au néant vers lequel nous allons ? Que la nature montre des signes de fatigue ? Que la mort est la condition de possibilité de la vie ? Qu'elle n'est pas à craindre ? Que tout reviendra sur le principe de l'éternel retour ? Pire : que les prêtres sont une sale engeance ? Il faut bien que cet homme qui est un fou soit également un pessimiste qui hait la vie ! Et que fait un dément qui déteste la vie ? Il se l'ôte. Il s'est donc suicidé... CQFD.

Quant à Cicéron, on se demande pour quelles raisons il a édité Lucrèce ! L'auteur des ***Tusculanes*** a longuement ferraillé contre les épicuriens ; nulle part dans ce texte il ne cite Lucrèce et son poème.

On voit mal comment il aurait contribué à rendre possible l'œuvre d'un philosophe dont il récusait les thèses ! Mais Cicéron connaissait bien l'existence de Lucrèce, puisqu'il cite son nom, non pas dans son œuvre philosophique, mais dans une lettre à son frère Quintus datée de février 54.

On pourrait imaginer que Cicéron ait tout de même accompagné Lucrèce, mais ce serait alors moins pour ses idées que pour sa poésie. Chef-d'œuvre de l'art poétique en six livres, dont le dernier est inachevé, de sept mille quatre cents hexamètres dactyliques, des vers habituellement utilisés dans le genre épique, ***De la nature des choses*** méritait qu'on dissocie le fond et la forme.

Ajoutons à cela que l'épicurisme ascétique d'Épicure à Athènes et l'épicurisme hédoniste de Lucrèce à Rome ne se superposent pas complètement. La vulgate qui veut que les Romains aient essayé en vain de traduire la philosophie grecque sans y parvenir devrait cesser ! Les Romains n'ont pas été des demeurés incapables de parvenir aux hauteurs grecques aussi bien en art qu'en philosophie : ils en étaient capables, et pourquoi non ? Mais ils ne l'ont pas souhaité. Ils ont sciemment refusé les systèmes idéalistes et les grands concepts, les métaphysiques et les ontologies. On ne trouve pas chez eux d'équivalent du ***Parménide*** de Platon, de la ***Métaphysique*** d'Aristote ou des ***Ennéades*** de Plotin, non parce qu'ils auraient été incapables de les produire, mais parce que leur sagesse pratique qui consiste à former des citoyens romains et non des sophistes grecs recourt aux récits exemplaires pour édifier. Plutôt Cincinnatus et sa charrue qu'un traité sur le pouvoir, Mucius Scaevola et son charbon ardent tenu dans la main qu'un dialogue sur l'idée de souffrance, Tiberius Gracchus et son choix de mourir pour sauver sa femme qu'un gros volume sur l'amour uxoral, Regulus et ses paupières cousues qu'une dissertation sur la parole donnée, Dentatus et son écuelle en bois qu'un mémoire sur les bienfaits de la pauvreté volontaire.

Cicéron défenseur d'un poème pour sa forme indépendamment de son fond ? Pourquoi pas. Mais rien ne permet de conclure en faveur de cette thèse.

On a dit de Lucrèce qu'il était un esclave affranchi ; mais aussi un patricien de la *gens* Lucretia ; puis un chevalier ; qu'il a fait partie du cercle de Philodème de Gadara. Mais rien ne vient confirmer ces thèses.

Ce que l'on sait de plus sûr concernant sa vie, dont les dates ne sont même pas certaines – autour des années quatre-vingt-dix avant l'ère commune pour la naissance, autour des années cinquante pour la mort, dit-on –, c'est que l'on ne sait rien ! Variation sur le thème de l'inscience socratique…

Cette vie blanche laisse toute sa place à l'œuvre.

2

La conversion existentielle

De la nature des choses est dédié à Memmius, dont le nom apparaît onze fois dans le poème.

Qui est ce personnage ?

Un patricien qui brille dans la politique politicienne avec concussions, trafics et malversations, qui a été exilé pour avoir voulu acheter le vote de consuls. Après avoir soutenu Pompée, il passe dans le camp de César, qu'il avait attaqué sans ménagements en invoquant ses relations homosexuelles avec Nicomède, le roi de Bithynie. Gendre de Sylla, prêteur, gouverneur de cette fameuse Bithynie, protecteur des lettres, Cicéron nous dit de cet homme qu'il est lettré, qu'il a écrit des poèmes érotiques mais déteste les auteurs latins auxquels il préfère les Grecs, qu'il est un « orateur ingénieux », peut-être faut-il entendre *un beau parleur*, mais surtout qu'il est « rebelle non seulement à l'effort de parole, mais même à celui de la réflexion » … C'est dire !

On le sait par Cicéron, il s'est également fait connaître pour avoir acheté le terrain où se trouvaient les ruines de la maison d'Épicure afin de les raser et de mener à bien un projet immobilier… Pourtant, Memmius a connu le directeur de l'école épicurienne et n'ignore pas son enseignement.

Mais, à l'époque, César et ceux qui s'en réclament ne cachent pas leurs sympathies pour les doctrines du Jardin. Ce n'est donc pas seulement une affaire d'éthique, ce peut être aussi une affaire politique. Et, vu le cynisme de Memmius, ses relations à l'épicurisme semblent avoir plus relevé de l'opportunisme politicien que de l'adhésion philosophique.

C'est cet homme que Lucrèce entend convertir.

Il l'annonce ainsi :

> « […] le langage est pauvre, et les sujets nouveaux.
>
> Mais tes vertus me font, avec le plaisir que j'attends
>
> D'un partage si doux, consentir à toutes les gênes,

Et me poussent à veiller au long de mes nuits sereines
À la recherche des mots et des rythmes éclatants
Qui pourront répandre en ton cœur d'assez vives lumières
Pour percer jusqu'au tréfonds les Choses et leurs mystères.»

(I.139-145)

Lucrèce dédie donc son poème à Memmius en se proposant de le *convertir*, au sens philosophique du terme, à une vie selon Épicure.

On sait donc que Memmius, comme tous les snobs romains, préférait regarder vers Athènes plutôt que vers Rome. Caton l'Ancien, le «Vieux Romain», comme on disait alors dans une magnifique expression, avait écrit en son temps, c'est-à-dire entre le IIIe et le IIe siècle avant l'ère commune, de magnifiques pages qui fustigeaient la mode grécophile pourvoyeuse selon lui de dépravation sexuelle, de perversion du goût, de passion pour le luxe, de collections d'œuvres d'art, de légèreté en tout et, surtout, péché mortel : d'incivisme. Rome était originellement une ville de paysans et de soldats, elle avait vaincu Athènes, la ville des sophistes et des pédérastes, au sens grec du terme, qui qualifie la relation d'un adulte actif avec un adolescent passif, l'éraste et l'éromène. Avec cette passion pour la Grèce, l'ennemi vaincu, Rome adoptait, selon lui, ces funestes tropismes.

Mais Lucrèce, fidèle en cela à Caton l'Ancien, qui faisait du latin une langue à part entière et n'avait aucun complexe d'infériorité par rapport la langue d'Homère, revendique l'écriture en vers et en latin pour acclimater Épicure, philosophe grec comme on sait, au paysage romain.

Or, cette acclimatation n'est pas purement et simplement un calque de la pensée du philosophe du Jardin. En effectuant ce travail, il ajoute sa patte romaine : rien de dogmatique, rien de systématique, rien de théorique, voire de théorétique chez Lucrèce, il ne s'embarrasse pas de sophistique ou de rhétorique, de dialectique ou de syllogistique. On chercherait en vain chez lui les jongleries grecques des sophistes, les élucubrations grecques des platoniciens, les fumées grecques des métaphysiciens, les paralogismes grecs des logiciens. Il philosophe en Romain l'ici et maintenant du réel étendu à l'infinité de la pluralité des mondes.

Diogène Laërce rapporte qu'Épicure affirmait : le sage « ne pratiquera pas la composition de poèmes » (X.121.B) ; or, Lucrèce compose un immense poème ; donc Lucrèce n'est pas un sage épicurien ? Non, bien sûr…

Il demande à la poésie un secours que le latin ne lui offre pas, puisqu'il ne dispose pas d'équivalents des concepts fabriqués par les philosophes grecs.

Aussi incroyable que cela puisse paraître, le mot « atome », par exemple, n'existe pas dans le poème de Lucrèce ! On y trouve en revanche « élément premier des choses », « primordial », « semence », « principe », « corps premier », « corpuscule », « figure », « parties premières », « chose menue », « élément séminal », « ordre premier », « premier commencement », etc., mais pas « atome » !

Or, Cicéron utilisait *atomus*. Lucrèce aurait donc pu sans problème s'emparer du mot ! Pourquoi ne l'a-t-il pas fait ? Probablement pour éviter une pure et simple traduction qui, via des néologismes, aurait montré la dépendance du latin au grec ; peut-être aussi parce que la poésie, prohibée par Épicure, offre le meilleur moyen de constituer un langage pour raconter la poésie du monde lui-même, créateur incroyable et infini de formes inédites.

Toujours est-il que Lucrèce écrit : « le langage est pauvre », puis ajoute… « et les sujets nouveaux » ! Ces sujets nouveaux témoignent en faveur d'un dépassement d'Épicure et non d'un pur et simple décalque de sa pensée. Le philosophe grec pense et écrit dans l'Athènes des IVe et IIIe siècles avant l'ère commune ; le philosophe latin, dans la Rome du Ier siècle avant. Épicure est contemporain d'Alexandre, Lucrèce de César. Un même écart de temps sépare Descartes de Sartre…

Les sujets nouveaux obligent à passer d'un épicurisme sévère et austère, ascétique, doctrinal, sinon doctrinaire, théorique et grec, à un épicurisme hédoniste et voluptueux, incarné, pratique et romain. On ne trouve pas chez Lucrèce d'arithmétique des plaisirs pour distinguer et séparer désirs naturels ou non naturels, nécessaires ou non nécessaires, afin d'inviter à ne satisfaire que les désirs naturels et nécessaires, à savoir boire de l'eau quand on a soif et manger du pain quand on a faim, juste pour stopper ces douleurs ! On chercherait en vain dans ***De la nature des choses*** une invitation à réduire sa présence au monde pour maximaliser les jouissances de l'immatérialité. Pas question, chez Lucrèce, de faire bombance avec un petit pot de fromage offert par un ami pour agrémenter le quignon de pain quotidien ! C'est vie de moine que cet épicurisme-là !

Lucrèce veut produire une éthique du monde qui soit aussi une morale à partir de sa physique :

il veut montrer que décomposer le monde en autant d'atomes qui le constituent, c'est offrir une vision des choses qui génère l'ataraxie, autrement dit : l'absence de troubles, la fin de la peur, des craintes, de l'angoisse, de l'inquiétude. La science et la raison, dit-il, conduisent à une sagesse pratique qui économise les tourments infligés au corps par Épicure et ses disciples qui proposent de jouir d'être au monde, mais vidé de ses désirs, déserté par ses plaisirs, asséché par l'ascèse, évaporé par la mortification. Épicure est compatible avec la vie dans un monastère, pas Lucrèce. Il veut « percer jusqu'au tréfonds les Choses et leurs mystères » afin de produire une éthique de la sérénité sans pour autant se faire « pareil à un cadavre », comme y invite la ***Lettre à Ménécée*** du philosophe du Jardin.

Pas de théorie de l'amitié non plus chez Lucrèce. Il n'en fait pas des tonnes en disant que la ronde des hommes qui se tiendraient par la main autour de la Terre générerait une humanité ataraxique, non ! Il parle de la douceur de l'amitié qui réunit l'un et l'autre dans un commerce singulier. C'est ce qu'il propose à Memmius. Voilà pourquoi il consacre ses jours et ses nuits à écrire cet immense poème : il veut le *convertir* à la joie d'être serein dans un monde qui ne l'est pas. De l'abeille qui butine la fleur de l'olivier à la danse de la multiplicité des planètes dans l'univers, en passant par les hommes qui s'activent comme des fourmis, tout ne vit que *pour mourir* – et Lucrèce enseigne que la mort n'est pas à craindre !

*

Qu'est-ce qu'une conversion avant que le christianisme ne préempte le mot et le ravisse définitivement à la philosophie, dont elle a pourtant été la plupart du temps la signature pendant presque dix siècles ?

Épicure le disait : jouer à être philosophe n'est pas être philosophe. Pas plus que, chez les sophistes, apprendre, moyennant finance, à briller formellement, sans aucun souci du fond, pour accéder aux magistratures de la cité ; ou bien, chez Platon, suivre des cours de mathématiques dans le secret d'un enseignement ésotérique afin de se préparer à gouverner les hommes dans une cité totalitaire après avoir contemplé les Idées pures et pratiqué la dialectique descendante ; ou bien encore, chez Aristote, accumuler les savoirs afin d'exposer une encyclopédie du monde. Sophistes, platoniciens, aristotéliciens, qui ont aujourd'hui encore leurs disciples, n'ont aucun souci de mener une vie philosophique : ils veulent pour les premiers le pouvoir rhétorique dans la cité, pour les deuxièmes le pouvoir politique sur les hommes, pour les troisièmes le pouvoir théorique sur les choses du monde. Les épicuriens, eux, ne visent qu'au *pouvoir sur eux-mêmes*. Nul besoin, dès lors, de sophistique, de rhétorique, de logique, de dialectique, de mathématiques, de didactique. Juste de la physique pour une éthique qui abolisse toute métaphysique.

La conversation suppose la rencontre d'un homme avec une œuvre, une parole, un verbe qui réorientent son existence dans un autre sens. Il y a un avant, un pendant et un après cette épiphanie – comme « conversion », le mot a été récupéré par la religion catholique, étymologiquement, il signifie « manifestation », « apparition ».

La légende veut que Protagoras d'Abdère vécût du métier de portefaix quand il a croisé Démocrite, lui aussi abdéritain, le philosophe matérialiste, qui, stupéfait par l'ingéniosité de l'agencement de son fagot, est entré en conversation avec lui. Un texte de jeunesse d'Aristote, ***Sur l'éducation***, rapporte cette histoire dont Diogène Laërce dit qu'il la doit à Épicure… Soit il s'agissait d'un morceau de bois taillé pour porter les fagots, la *tulè*, soit d'une technique pour croiser les branches de façon à ce qu'elles tiennent seules. Dans les deux cas, Démocrite remarque l'homme, repère ses potentialités, son ingéniosité et en fait son disciple. Cette rencontre fait entrer le portefaix dans le monde de la philosophie. Cinq siècles avant Jésus, voici l'exemple d'une conversion existentielle.

Ce que vise Lucrèce avec son ***De la nature des choses***, c'est induire une conversion de cette nature chez Memmius. Certes, l'homme part de loin, il est malhonnête, cynique, opportuniste, sans foi ni loi, carriériste, tricheur, intéressé, fraudeur, il ne respecte rien, pas même ce qui reste de la maison d'Épicure, mais rien n'est impossible pour qui a lu ce dernier, et sait qu'il n'est jamais trop tôt ni trop tard pour philosopher, qu'il ne saurait y avoir de mauvaises personnes pour une conversion existentielle. C'est toujours le bon moment d'entrer en philosophie : jeunes ou vieux, hommes ou femmes, esclaves ou citoyens, riches ou pauvres, portefaix ou sénateur, sinon vagabond ou empereur, tous sont à égalité devant la possibilité de changer d'existence pour *mener une vie philosophique*.

À l'origine, le terme « conversion », comme « révolution », relève du vocabulaire de la dynamique ! La révolution fut d'abord celle des orbes dans l'Univers ; la conversion, celle de vies nues transfigurées en existences congruentes, authentiques, cohérentes, homogènes, harmonieuses. Étymologiquement, elle suppose qu'*on se tourne vers*

– à savoir : vers une autre vie, une autre existence, une autre façon de penser, une autre manière d'être au monde, un autre art de vivre.

En philosophie, comme dans le cas de Démocrite avec Protagoras, la conversion met en relation deux hommes, elle est immanente, concrète. En religion, elle connecte un homme avec Dieu. Qu'on se souvienne du juif Saül sur le chemin de Damas qui rencontre Dieu, connaît un épisode mystique foudroyant au cours duquel Il lui parle, et devient celui qu'on connaît désormais comme saint Paul. Saül fit partie des ennemis des chrétiens. Il a même participé au martyre d'Étienne en gardant ses vêtements pendant que ses comparses d'alors le suppliciaient. La vie de Paul de Tarse *avant et après* n'est bien sûr pas la même. Elle s'avère radicalement opposée : celui qui contribuait à la mort des chrétiens va prêcher partout leur religion nouvelle dans le bassin méditerranéen avant d'en devenir lui-même un martyr avec sa décapitation à Rome.

Idem avec saint Augustin qui, après une existence qu'on dira libertine – le fameux vol des poires, les femmes, les copains, la boisson –, va mourir à cette vie de débauché pour renaître en deux temps : d'abord à Hippone, il est alors âgé de dix-sept ans, après avoir lu un livre hélas perdu de Cicéron, l'***Hortensius***, qui le convertit à la philosophie ; ensuite à Ostie – ce qui n'est pas une plaisanterie lacanienne... – quand il passe de la philosophie à la religion et devient le chrétien que l'on connaît. ***Les Confessions*** racontent, on le sait, le détail de cette aventure spirituelle.

Laissons de côté la chronologie : pourquoi ce qui sera possible avec Augustin ne le serait-il pas pour Memmius qui, lui aussi, part de loin ?

La conversion suppose cinq temps : *l'avant* d'une vie dépourvue de sens ; *le pendant* d'une rencontre exceptionnelle, radicale – je l'ai dit, avec un livre, un homme, une parole, un verbe, une vie ; *une volonté* qui transforme cette rencontre en force existentielle dynamique – on veut devenir autre chose que ce qu'on était ; *un projet*, car cette volonté ne saurait rester sans objet ; *un après* radieux construit par cette volonté appliquée à un projet.

Une personne mène donc une vie insensée, au sens étymologique ; elle rencontre un maître qui porte une parole, lequel peut être vivant – c'est le cas dans le couple Démocrite/Protagoras –, mais il peut aussi être mort – c'est la configuration d'Épicure/Lucrèce –, et cette voix engage l'être vers un au-delà de son être ancien au profit d'un être nouveau ; il lui faut une volonté qui est tension vers un horizon nouveau qui permet de s'arracher à un sol nihiliste; il lui faut également vers quoi aller qui sorte de l'errance, dans le cas de Lucrèce : un projet de vie épicurienne; une fois ce projet réalisé, ou en cours de réalisation, car le chemin importe ici plus que son but, surgit dans l'existence une sérénité sans pareille.

Travaux pratiques : Memmius, on l'a vu, n'est pas une belle personne. Lucrèce écrit un poème et lui propose une rencontre qui devrait pouvoir changer son existence : celle d'Épicure présenté comme un maître de vie; il l'invite à vivre selon les principes de ce dernier, reformulés pour un Romain en un long poème qui, dit-il, associe le doux miel de la versification à l'amertume de l'absinthe qu'est la potion tragique qui tonifie le buveur; cette vie indexée sur les principes du philosophe du Jardin débouche sur la paix de l'âme, la sérénité, la tranquillité, la joie de l'ataraxie qui est absence de troubles.

Voilà ce que j'appelle *vivre selon.*

Continuons donc cette aventure qui consiste à savoir ce que veut dire *vivre selon Lucrèce,* car ce qui valait de Lucrèce à Memmius vaut de Lucrèce à tout un chacun qui voudrait lui aussi *vivre selon.*

3

Poussières dans un rai de lumière

Platon entretient des idées, mais il lui faut pour cela des auditeurs qui aient *la foi* dans ces entités invisibles qui n'ont ni naissance ni mort, qui ignorent les effets du temps, qui restent identiques à elles-mêmes, qui ne reçoivent rien de l'extérieur et ne donnent rien non plus à ce même extérieur, qui sont dans un ciel intelligible impossible à percevoir par les sens mais concevable ou pensable par le seul intellect. Il y aurait donc des idées du Vrai, du Bien, du Beau, du Juste dans un monde intelligible dont participeraient des réalités sensibles, dès lors on pourrait dire qu'elles sont vraies, bonnes, belles, justes… Une peinture peut donc être dite « belle » quand elle participe au plus près de l'idée de beauté, qu'elle se montre le plus en proximité avec le Beau. Une action s'avère donc juste quand elle participe du Juste.

Cette théorie des formes est performative : la dire, c'est la faire être. Mais, retour paradoxal du bâton performatif, dire le contraire c'est également la défaire de son être ! Tout ce dispositif idéaliste est affaire de croyance, de créance. Platon et le platonisme ne procèdent donc pas de la raison mais de la foi, non de la démonstration mais de l'assertion, non de l'expérience mais de l'allégation, non de l'empirisme mais du péremptoire. Cette thèse ne vaut que tant qu'on lui porte crédit. Elle nécessite des agenouillés qui opinent du chef, pas des disciples dotés d'esprit critique.

On comprend dès lors pourquoi le platonisme peut être la philosophie dominante de l'Occident : il sert de soubassement philosophique à la religion chrétienne. Les Idées de Platon, son monde intelligible, son Un-Bien assimilable sans trop d'efforts à un dieu monothéiste, sa célébration du ciel des Idées doublée d'une déconsidération du monde sensible, sa haine des corps, des désirs, des passions, des femmes, son goût pour la mort, sa géographie infernale détaillée dans le ***Phédon***, ses âmes qui connaissent une vie après la mort, son dualisme qui oppose un corps matériel méprisable à une âme immatérielle vénérable, sa cosmogonie avec sa causalité démiurgique exposée dans le ***Timée***, sa théorie de l'être explicitée dans le ***Parménide*** qui va donner tout le néoplatonisme, trait d'union entre Platon et le christianisme, ses recours au mythe plus qu'à la raison raisonnable et raisonnante – Er, l'Atlantide, l'androgyne, Gygès, la Caverne, etc. : tout cela nourrit la patristique qui, elle-même, constitue le corps intellectuel de la religion judéo-chrétienne.

L'épicurisme est l'antidote à cette vision idéaliste du monde. Chez les épicuriens, il existe des idées, des dieux, un cosmos, un ciel, une théorie de l'être, une âme, un corps, des désirs, des passions et des pulsions, mais tout cela est réductible à un agencement d'atomes : l'âme est atomique comme les dieux, le cosmos est atomique comme l'amour et l'amitié, les idées sont atomiques comme la réalité. Quant aux mythes, depuis Épicure, il faut les déconstruire, les décomposer et les détruire. Le mythe est l'exemple même de la fausse réponse, de la prétendue résolution d'un problème. Il obscurcit ce qu'il veut éclairer !

Lucrèce invoque Platon à plusieurs reprises, pas forcément en le nommant. Chaque fois pour préciser qu'il se trompe. Par exemple quand il affirme que l'âme est immortelle, qu'il existe une vie immatérielle pour elle après la mort, qu'elle migre dans d'autres enveloppes après un processus de réincarnation. Où l'on voit que le postulat idéel de Platon permet la construction d'un rutilant chef-d'œuvre de fictions !

Lucrèce revendique une méthode qu'avec le vocabulaire d'aujourd'hui on pourrait dire rationaliste, sensualiste, empirique, pragmatique. À l'Idée de Platon, Lucrèce oppose l'atome de Démocrite. Mais on peut légitimement se poser la question : autant il est facile de résoudre le problème de la généalogie des Idées de Platon, une fiction élaborée dans l'esprit d'un homme, autant il est intéressant de se poser la même question concernant la naissance de l'atome : de quelle manière découvre-t-on l'existence d'un invisible pourtant matériel ?

Par observation, intuition et déduction…

Lucrèce écrit en effet :

« Sache un jour contempler quand le jour aux mille rayons
Se glisse et se diffuse en la pénombre des maisons :
Là tu verras dans l'air maints points d'or de mainte manière
Se mêler par escadrons aux mille rais de lumière,

S'affronter sans relâche en leurs tourbillons éternels,
Et, sans cesse escarmouchant et reprenant leurs combats,
Former puis rompre leurs rangs pour d'inlassables duels.
En voyant ce ballet, sans peine tu sauras
Comme les corps premiers fluctuent au sein du vide immense,
Si tant est qu'en l'infime on ait le grand canevas,
Et des indices nets qui nous en livrent connaissance.»

(II.114-124).

Le philosophe-poète invite à *contempler* et à *voir* pour *savoir*. Il s'agit de regarder attentivement ce qui est, d'observer, de comprendre, de saisir, d'induire et de déduire : des poussières en suspension qui dansent dans un rai de lumière, chacun en a vu dans des journées d'été. Elles nous apprennent que ce qu'on ne voit pas en temps normal, la lumière – ce peut être aussi celle de l'intelligence, qui est étymologiquement l'art de mettre en relation ce qui, a priori, ne le semblait pas – permet de le découvrir. On comprend dès lors qu'il existe un monde infiniment petit parce qu'on l'a vu à la faveur d'une clarté – « la dive lumière » (I.22). Et celui qui porte la lumière, Lucifer chez les chrétiens, c'est Épicure à qui Lucrèce dit :

> « Toi qui, de tant de nuit as su tirer tant de lumière,
> Éclairant le premier un bonheur rayonnant,
> Je te suis, toi l'honneur des Grecs, j'imprime maintenant
> Mes pas où tes pas autrefois ont pressé la carrière. »
>
> (III.1-4).

Observer, regarder, examiner, étudier, voilà la méthode épicurienne qui n'a rien à voir avec celle de Platon qui, lui, préfère extrapoler, vagabonder, imaginer, inventer – rêver !

Dans la foulée d'Épicure, Lucrèce invoque les « lois de la raison » (I.514) ; dans le sillage de Pythagore, Platon préfère les lois de la déraison. Il faut, écrit Lucrèce, s'armer d'« une pénétrante logique » (I.130). Donc, de la physique et non de la métaphysique. Mieux : de la physique afin d'abolir toute métaphysique. Avec une expression moderne réaffectée à l'antique, on peut affirmer que Lucrèce propose un *positivisme logique*.

Prenons l'exemple de la foudre.

Les augures, à Rome, estiment qu'elle manifeste la colère des dieux. Suétone nous l'apprend dans la ***Vies des douze Césars*** : Auguste, tout empereur qu'il est, connaît une terreur panique à la vue des éclairs et en présence du tonnerre. La foudre, quand elle tombe sur un endroit, le désigne comme sacré, or, le sacré ne va pas sans terreur. Sa chute sur un temple passe pour un mauvais présage, elle annonce l'apocalypse. L'empereur Tibère se protège de la foudre lancée par Jupiter avec une couronne de laurier, car on croit alors au pouvoir prophylactique de cette plante. De manière générale, ce que l'on ne connaît pas effraie. Les hommes préfèrent des raisons fantasques et magiques à un manque d'explications. Plutôt une erreur qui sécurise à une vérité qui trouble et angoisse.

Lucrèce écrit :

« Qui ne se contracte d'effroi, lorsque parmi les cieux,
Dans le fracas effrayant que fait gronder la tourmente,
Sous la foudre, de partout, la terre tremble, fumante ?
Ne voit-on pas alors frémir peuples et nations,
De fiers rois se terrer, craignant, dans leurs superstitions,

Que, pour quelque forfait, ou quelque parole arrogante,
L'heure du châtiment ne soit sur leur tête pendante ? »

(V.1219-1225)

Pour minorer la puissance de sa critique, tel ou tel sorbonagre a prétendu que Lucrèce arrivait en retard et moquait une religion à laquelle plus personne ne croyait ou qu'il raillait des superstitions passées de mode… Il écrit son poème, disons, à la moitié du Ier siècle avant l'ère commune : faut-il préciser qu'Auguste (63 av.-14 apr. J.-C.) et Tibère (42 av.-37 apr. J.-C.) appartiennent au même siècle ?

Contre les superstitions concernant la foudre, Lucrèce active sa méthode. Pendant près de quatre cents vers sublimes (VI.84-422), au début du sixième chant, il explique ce qu'est la foudre, d'où elle vient, comment elle se produit, sa vitesse, ce que sont le tonnerre, l'éclair, les nuées, les bruits et les tremblements. Il conclut en expliquant que d'hypothétiques dieux n'ont rien à faire dans cette histoire, qui relève des seules causalités physiques.

Le philosophe examine donc « la raison des phénomènes des airs » (VI.83) : il est question de ciel, de nuages, de nuées, de vent, d'aquilon, de frottements, de craquements, de tempête, de tourbillons, de mouvement, de trombe, d'enroulement, d'explosion, de fulgurances, de grondement, de mugissement, de dilatation, d'éclatement, de rugissement, d'échauffements, de tournoiement, d'escarboucles, de particules échauffées, de flamme, d'éclair, de feu, de braise, de semence de feu, mais pas de dieux. La foudre traverse les murs, s'infiltre dans le moindre interstice, incendie les maisons, pulvérise le vin dans les cratères, fend la pierre et fond les métaux, couvre les cris et les voix, elle fait tomber des tours, s'effondrer des palais, elle détruit des monuments, affaisse les charpentes, tue des hommes là où ils se trouvent et des animaux dans les champs. Toujours pas de dieux dans cette affaire.

En revanche une explication simple est fournie par le philosophe avec « éléments et corps menus » (VI.354) présentés comme des « agents de la foudre » (VI.363) activés par un mélange à l'automne d'un « flux tiède aux flux froids » (VI.355). De la physique, donc, et toujours pas de dieux !

Si les dieux se trouvaient derrière la foudre, pourquoi tuerait-elle des innocents et épargnerait-elle des coupables ? Pourquoi l'envoient-ils dans des déserts, au sommet des montagnes ou en pleine mer là où il ne se trouve rien ni personne à punir ? Quel intérêt y a-t-il à utiliser ce précieux feu à mauvais escient ? Quelles raisons à ce gâchis d'un pouvoir qu'ils pourraient plus judicieusement utiliser contre ceux qui lui font la guerre ? Comment expliquer que Jupiter ne lance jamais sa foudre d'un ciel bleu mais toujours d'une nuée bien noire ? Pour qu'elle lui serve d'escalier, dit le poète en raillant ? Qu'est-ce qui explique que la foudre peut tomber à plusieurs endroits en même temps ? Et pour quel motif l'envoie-t-il en annonçant par le tonnerre qu'elle va tomber ? Pourquoi enfin les dieux n'épargnent pas leur propre demeure en frappant les temples ?

La foudre n'est donc pas voulue par les dieux, elle est une simple affaire de physique. Elle provient d'une activation de particules en mouvement dans une configuration météorologique spécifique : une réaction thermique ignée générée par des contacts entre masses chaudes et masses froides. Rien de plus, rien de moins.

Et Lucrèce de conclure :

> « Telle s'avère la foudre à qui pénètre les faits
> Et comprend par quelle force elle accomplit ses effets,
> Nul besoin de fouiller les notes par les dieux laissées
> Dans ces vers de Tyr où croit-on, ils notent leurs pensées,

En guignant pourquoi sont dans tel sens les foudres passées,
Comment en des lieux clos l'éclair se glisse et les murs fend
Pour quitter la place aussitôt qu'il força triomphant,
Et quels maux tombent du ciel nous échoir lorsqu'il fulmine ! »

(VI.379-386).

Voici donc la méthode épicurienne : regarder, observer, déduire, et réduire le réel à ses composants… réels !

Ce qui vaut pour la foudre, Lucrèce le répète pour tout ce qui se passe dans la nature : les trombes, les nuages, les arcs-en-ciel, la pluie, les tremblements de terre, les éruptions volcaniques, les crues du Nil, le fonctionnement des aimants, les émanations de gaz, les fontaines dites magiques, la neige, la grêle, le gel, la glace, tout, absolument tout s'explique selon l'ordre des raisons atomiques. La physique supplante la métaphysique. Toute science qui avance fait reculer la croyance, les superstitions, la religion.

Cette façon de faire relève d'une sotériologie : d'une façon de sauver son âme. Lucrèce estime que ce qui fait peur, ce qui angoisse, ce que l'on craint, ce qui nous trouble, ce qui nous inquiète, ce que l'on appréhende doit être apprivoisé comme une bête mauvaise.

La philosophie le peut...

Elle est en effet une thérapie : il faut « laver son cœur » (V.43) écrit le philosophe-artiste. Mais comment ? Lucrèce associe ses leçons à « noire absinthe » (I.114 et IV.12) autrement dit à une purge amère... Il s'avère en effet bien désagréable d'être déniaisé quand la niaiserie s'accompagne si souvent d'une relative insouciance, sinon d'une franche innocence ! La bêtise ne va pas en effet sans une certaine satisfaction de soi, l'ignorance également. La stupidité est souriante, la sottise radieuse, alors que la sagesse se montre douloureuse dans les premiers temps de son exercice. La désillusion fait souffrir, le désespoir, au sens étymologique – la cessation de l'espoir –, s'avère une épreuve.

Mais cette potion amère vise la guérison de l'âme, du cœur et du corps. La métaphysique nous perd, la physique nous trouve : elle nous remet au centre de nous-mêmes, elle évite qu'on s'éloigne de soi, qu'on s'égare, qu'on erre – qu'on souffre. Craindre Dieu ou les dieux en tout, c'est mener une vie de faible densité. Lucrèce propose de mener une vie de haute densité : *une vie atomique* !

4

Mener une vie atomique

Lucrèce ouvre ***La Naissance des choses*** avec une invocation à Vénus. L'exégèse, savante comme il faut, est allée chercher des poux dans la tête du poème : ne s'agissait-il pas d'une étrange dédicace à une divinité pour solliciter son aide à composer son œuvre et à protéger Rome en lui donnant la paix ? Fallait-il y voir une pure et simple convention littéraire ? N'était-ce pas plutôt une façon révérencieuse d'honorer le dédicataire du poème, Memmius, alors que Vénus était la divinité protectrice de sa *gens* ? Et pourquoi pas une invocation à l'ancêtre mythique de Rome – elle était en effet la mère des fils d'Énée –, soit une façon de placer le livre sous le signe romano-romain ? Ou bien encore une référence à l'Aphrodite d'Empédocle ? Sinon à l'***Hymne à Zeus*** de Cléanthe ? D'aucuns ont même imaginé un signe d'allégeance politique à César, dont Vénus passait pour généalogique de sa lignée !

Pour comprendre le sens d'un texte le mieux est… d'en rester au texte et de ne pas lui *faire dire* autre chose que ce qu'il dit ! Il est sidérant qu'on doive le préciser, mais ces extrapolations le laissent de côté, du moins les vers deviennent-ils prétextes à étalage d'une érudition inutile. Lucrèce n'écrivait pas à destination des gloseurs dans la perspective d'être découpé deux mille ans plus tard en tranches universitaires agrémentées de notes en bas de pages. Il écrivait pour édifier ses lecteurs, Memmius le premier.

Qui est la Vénus de cette dédicace ? Il suffit de lire les vers de cet immense poème à partir du premier d'entre eux :

> « Mère des fils d'Énée, volupté des hommes et des dieux,
> Alme Vénus qui, sous la voûte aux routes constellées,
> Et la Mer porte-nefs et la Terre aux fruits généreux
> Vas peuplant – puisque par toi toutes les vies animées

Sont conçues, et, décloses, voient le soleil radieux –
C'est toi, Dive, toi, toi qu'au ciel fuient les vents et les nues
Quand tu viens, toi, sous qui la terre aux trames ingénues
Jonche ses bouquets, toi, pour qui le plan du Pont houleux
Et l'Azur apaisé dans leur éclat profond sourient !
Oui, dès que les jours sous l'avril rajeunissent et rient,
Dès que, libre, revit le souffle fécond du zéphyr,
Le peuple ailé, Divine, aux cieux annonce ta venue,
Par ta force frappé, qui dans tous les cœurs s'institue :
On voit hardes et troupeaux dans l'herbe grasse s'enfuir
Et fendre les rus débordés, l'univers est séduit,
Chacun, pris du désir, se presse où ta loi le conduit :
Par les mers, par les monts, à vau les rives submergées,

Sous la feuillée aux mille oiseaux, dans les prés verdissant,
Tu cours inoculer aux cœurs les désirs caressants
Et la brûlante amour d'avoir leurs races propagées !
Ô, toi qui, de Nature es seule Timonière
Toi, sans qui rien n'aborde à la dive lumière,
Ni sans qui rien d'aimable et d'heureux ne peut s'engager,
Ce sont tes charmes qu'à mes chants je tâche à ménager ;
Car de Nature je m'essaie à chanter la matière [...].»

(I.1-25)

Le philosophe pouvait-il être plus clair ? Il invoque ce qu'avec une expression de Bergson nous pourrions nommer « l'élan vital » ! *Vénus, c'est, dans la vie, la vie qui veut la vie !* C'est ce qui, au livre suivant, est nommé : « Le Prince de la vie, oui, le divin plaisir » (II.172) qu'une autre traduction, celle de Charles Guittard, rend par : « le principe vital d'origine divine ».

Car le matérialisme atomiste de Lucrèce n'est pas bêtement mécaniste comme le prétendent si souvent les adversaires de l'école abdéritaine et des épicuriens. La vie n'est pas une pure et simple somme *arithmétique* d'atomes, mais bien une somme arithmétique d'atomes liés par une *dynamique* : celle du mystérieux clinamen – mystérieux ou miraculeux car, sans lui, l'être ne serait jamais sorti du néant. Le clinamen est la clé ontologique de l'épicurisme. Il empêche que l'atomisme sombre dans un pur déterminisme, un fatalisme.

Avant d'en dire plus sur le clinamen, commençons par les atomes.

On l'a vu, les particules de poussière qui dansent dans le rai de lumière rendent empiriquement compte de l'existence d'un infiniment petit qui gît au cœur même de la matière. De l'ici et maintenant de la coupe dans laquelle Lucrèce verse son absinthe en enduisant ses bords de miel, à l'au-delà de notre monde dans lequel un javelot lancé à Rome poursuivrait infiniment et indéfiniment sa course, un même principe organise le réel : des atomes liés.

Les atomes ?

Jamais seuls, ils sont toujours composés; ils sont incolores, inodores, sans saveur, sans température : les atomes qui donnent la couleur rouge ne sont pas rouges, qui produisent l'odeur de la rose ne sont pas parfumés, qui constituent un breuvage chaud ne sont pas chauds, qui donnent leur saveur au sel ne sont pas salés ; les atomes semblables sont infinis en nombre ; ils ont des formes différentes, ce qui explique la variété des perceptions, des sensations, des émotions ; certains sont fins, d'autres lisses ou bien crochus, arrondis, sphériques : les fins sont réservés aux agencements subtils, les dieux sont ainsi constitués d'atomes éminemment fins – j'y reviendrai ; les crochus génèrent des sensations désagréables, s'ils ont des angles peu saillants, ils peuvent chatouiller sans blesser, s'ils ont des angles plus marqués, ils blesseront, on peut imaginer que les atomes qui constituent les exhalaisons soufrées des champs Phlégréens du Vésuve sont anguleux, de même que ceux de l'absinthe ; en revanche, les atomes lisses, les ronds, les sphériques, ceux du miel par exemple, produiront des sensations agréables ; la douleur est affaire d'atomes crochus, le plaisir d'atomes ronds ; les corps sensibles sont donc composés d'atomes insensibles ; le rieur n'est pas composé d'atomes rieurs ; les particules du plaisir ne sont ni hédonistes, ni joyeuses, ni jubilatoires, ce sont les agencements qui constituent la volupté ; les atomes sont donc en nombre infini, on l'a vu, mais leurs formes ne sont pas infinies, dès lors leurs agencements sont limités, les sensations et les perceptions aussi ; la mort ne les détruit pas, en revanche elle abolit les agencements et en produit de nouveaux – elle n'est d'ailleurs que cela : une destruction des liaisons avec conservation de ce qui était lié afin de générer de nouvelles liaisons.

Leurs mouvements ?

Aucun atome n'est immobile, tous sont en perpétuel mouvement dans le vide, et non dans l'air, ce qui rend possible cette dynamique ; leur vitesse est au maximum possible dans notre univers ; aucun agencement d'atomes n'est non plus immobile, il se trouve toujours lui aussi en mouvement ; ces girations, ces tremblements, ces circulations sont éternels ; les atomes chutent ; ils vibrent dans les agencements ; ils tombent verticalement dans le vide avec une vitesse égale, quel que soit leur poids ; ils se déplacent sous forme de *simulacres*, c'est ainsi qu'ils parviennent jusqu'à nos sens et, de là, à notre entendement, à notre intellection.

Les simulacres sont comme des peaux détachées des objets formées d'atomes très fins, subtils, menus, invisibles bien sûr. Ils conservent la forme dont ils se sont séparés, circulent jusqu'aux organes de perception et, via l'oreille, les yeux, le nez, la bouche, la peau, informent l'intelligence, matérielle elle aussi. Ils sont comme des images reflétées par des miroirs qui restituent fidèlement la forme dont ils se sont pourtant libérés. La vitesse des simulacres s'avère aussi élevée que possible.

Leur liaison ? Ici apparaît le clinamen…

Lucrèce convoque une « déclinaison » (II.221), le clinamen, un mot qu'on ne trouve que chez lui, qui rend possible l'être de ce qui est. Sans lui, rien de ce qui constitue le réel, le monde, l'univers, la pluralité des mondes, n'aurait été. Ce mouvement fonctionne comme un genre de turbulence d'atomes dans leur chute : ils tombent comme une pluie verticale dans le vide, vers le bas, et l'un d'entre eux s'écarte de cette verticalité, crée un angle, le plus petit qui soit, précise Lucrèce, « a minima, rien de plus » (II.244), et de cette oblicité naît le premier choc qui en générera d'autres d'où vient le monde ; un atome plus un atome égale la naissance du monde qui, de façon expansive, s'étend sans cesse.

Le clinamen est une physique transcendantale qui ne s'appuie sur aucune expérience empirique. Rien qui ressemble ici aux poussières qui dansent dans un rai de lumière ! Mais c'est une déduction rationnelle, une fois de plus, qui rend possible la naissance du principe de la naissance. Car, si la poussière conduit vers les atomes, qu'est-ce qui, des atomes, conduit au regardeur des atomes, lui aussi constitué des mêmes atomes ? Après Leucippe, Démocrite et Épicure, Lucrèce mobilise à nouveau cette image qui est aussi une expérience : on se projette dans la pénombre d'une pièce dans une maison de vacances, on se protège d'un soleil écrasant, on a fermé les volets, tout est enveloppé d'une ombre fraîche, les cigales chantent dehors, le parfum des herbes méditerranéennes arrive jusque dans le salon où l'on est enfoncé dans un vieux fauteuil défoncé. On voit ce que l'on ne voit jamais dans le rayon de lumière qui passe par les persiennes, des poussières qui vibrionnent : un genre de *cogito* surgit alors, qu'y a-t-il de ces particules en suspension dans l'air jusqu'à moi qui en contemple la danse ? Que s'est-il passé pour que cette matière fine, *inframince*, soit devenue cette matière qui porte mon nom et qu'une vitalité habite ? Chacun danse dans l'infini de la pluralité des mondes comme ces poussières dans leur rayon lumineux. Quid de l'infiniment petit à l'infiniment grand, en passant par cet infiniment petit qui est si grand d'une vie singulière chaque fois unique ? Réponse : le clinamen.

Il faut bien que, c'est le principe de cette déduction : il faut bien que soit lié ce qui était délié, que soit composé ce qui était non composé, que soit uni ce qui était séparé, que soit agencé ce qui était errant, que soit pourvu de sens, y compris physique, ce qui était insensé. D'où cette déclinaison moins postulée que déduite, moins posée comme un arbitraire performatif qu'inféré de la logique même de cette physique atomistique : ce qui est constatable physiquement, un monde riche d'une multiplicité de composés, exige, du point de vue de la causalité, un principe unificateur des atomes. Quoi d'autre, sinon, pour expliquer, justifier, légitimer le clinamen ?

Le corps des hommes est donc atomique, lui aussi. Il y a en lui une âme et un esprit qui ne sont pas même chose. L'esprit est fait d'atomes subtils, petits, arrondis, menus ; l'âme est constituée de petits atomes en nombre réduit partout dispersés dans le corps ; l'âme et le corps constituent un tout, mais n'en demeurent pas moins deux instances séparées bien que liées ; l'esprit naît avec le corps, il grandit avec lui et l'accompagne partout dans le corps, mais l'esprit est dans la poitrine ; l'âme, qui est une partie du corps, en subit les troubles – ainsi avec l'ivresse, l'épilepsie, l'évanouissement, la perte de connaissance –, mais elle n'a pas de lieu dans le corps, elle est partout ; tout ce qui affecte le corps affecte l'âme, et tout ce qui affecte l'âme affecte le corps ; l'esprit commande, il est le lieu

« où siège le conseil et gouvernement de la vie » (III.15), l'âme obéit ; l'âme est le principe vital, l'esprit pense et sent ; l'âme est divisible, donc mortelle, elle se dissipe dans l'air après la mort parce que le corps assurait sa cohésion. L'âme ne préexiste pas au corps et elle ne survit pas après la mort comme le pensent les platoniciens ; elle est associée à un corps et disparaît en même temps que lui.

De sorte que, liaison de la physique et de l'éthique, puisque seuls les agencements atomiques de l'âme permettaient l'intellection, la mort qui sépare ce qui rendait possible la souffrance en abolit toute perception. La mort n'est donc pas un mal, elle n'est pas affliction, elle n'est pas à craindre. Seule l'idée d'avoir à mourir peut générer une souffrance mais, on le verra, cette idée s'évapore quand on sait qu'elle est une crainte de vivant : car, si je suis là, elle n'y est pas, si elle est là, je n'y suis plus. La leçon d'Épicure s'avère d'une redoutable efficacité.

On ne peut donc pas ne pas mener une vie atomique car tout en nous est effets d'atomes et de leurs conjonctions ! Vénus mène donc bel et bien la barque, le désir fait la loi, un élan vital nous pousse à vouloir en nous la vie qui veut la vie.

De la même manière que le tournesol ne saurait éviter de se tourner vers la lumière du soleil, c'est son être même, ou que l'absinthe ne saurait pas ne pas être amère pendant que le miel est doux, nous ne pouvons pas ne pas obéir à ce qui nous commande : cette volupté d'être, cette puissance de vivre, cette force d'exister qui nous fait être et persévérer dans notre être, nous ne pouvons pas ne pas la vouloir. Et parce que nous ne pouvons pas ne pas la vouloir, voulons-la, voulons ce qui nous veut.

L'« élan vital » (II.955), la « sensibilité vitale » (II.915), les « nœuds vitaux » (II.950), voilà la clé de voûte de l'édifice existentiel lucrétien : son matérialisme atomiste est un vitalisme. Son système du monde n'est pas statique, immobile, figé, fixé, mais cinétique, dynamique, dialectique. Loin d'un mécanisme glacial et sommaire stigmatisé par ses ennemis, son épicurisme saisit le monde dans son mouvement.

Induire de la danse des particules dans le rai de lumière l'existence des atomes, puis, de la danse des atomes la composition atomique d'agencement d'atomes de qui saisit et comprend la danse des atomes, induire également l'existence d'un clinamen à l'origine de la collision des atomes, de leur agencement, de l'association des atomes, puis du vortex, du tourbillon, et de la constitution du monde tel que nous le connaissons, c'est assister à la naissance du libre arbitre. De la physique des atomes naît une métaphysique matérialiste du libre arbitre. De l'atome à qui le regarde, de qui le regarde à qui pense ce qui fonctionne chez qui regarde, de qui pense qui regarde à la connaissance de ce qui pense en qui pense ce qui regarde, il y a le trajet qui conduit de la physique à l'ontologie la plus immanente. Le clinamen et le libre arbitre ont partie liée, non pas sur le principe d'un postulat de la raison pure, mais sur celui d'une causalité matérialiste induite par le constat que, dans la lumière dansent « maints points d'or » (II.116). Si les atomes tombent dans le vide verticalement, si cette vibration d'atomes génère intrinsèquement une infime déviation, si cet angle inframince génère le premier agencement qui va engendrer d'autres agencements dont sortiront le monde et l'univers, sinon le plurivers, tel qu'on le connaît, alors le libre arbitre est un effet physique et non un produit métaphysique. Il rend possible une sortie de l'impasse fataliste et déterministe.

Dès lors, muni de ce vouloir, de cette volonté, de cette volition, conduit par cet élan vital qui entraîne tout un chacun à vouloir l'être et la persévérance dans son être, le disciple d'Épicure peut préférer ce qui augmente sa liberté à ce qui la réduit, car c'est ce qui lui procurera de la joie, du plaisir à être au monde.

De sorte qu'il peut envisager de déconstruire et détruire ce qui entrave et empêche son vouloir libre : les dieux et la religion, mais également – Lucrèce qui n'a pas lu les néoféministes post-soixante-huitardes parle à partir de son sexe –, les femmes et l'amour. Ni dieux à craindre, ni maîtresses à redouter. ***La Naissance des choses*** triomphe en manuel pour tout être désireux de construire sa citadelle intérieure sur la liberté.

5

Ni dieux ni prêtres

La chose est évidente à ce point de l'analyse : le matérialisme ne laisse aucune place à Dieu. Ou bien, s'il en laisse une, les dieux ou Dieu ne peuvent qu'être faits d'atomes, ce qui interdit ce que l'on nommera plus tard le théisme.

Le théisme croit à l'existence d'un Dieu créateur du monde responsable de tout ce qui advient sur la planète et au-delà. Le déiste croit lui aussi à l'existence d'un dieu, mais le décharge de toute responsabilité dans le cours trivial du monde. Le théiste explique que la mort d'un enfant, la disparition de milliers de gens dans un tremblement de terre, le vice récompensé et la vertu punie, l'atroce maladie d'un innocent, tout cela a ses raisons, que Dieu le veut, que ses voies sont impénétrables, que la raison et l'entendement des hommes s'avèrent trop imparfaits pour en comprendre les motifs, mais que Dieu veut tout ce qui advient. Il aura aussi voulu, donc, le péché originel…

L'athée, quant à lui, nie purement et simplement l'existence de Dieu. On ne trouve guère d'athée digne de ce nom avant l'époque moderne. En revanche, on a traité d'athées un nombre incroyable de penseurs qui n'ont pas cru dans les dieux de leur temps comme la plupart de leurs contemporains. Un agnostique, un animiste ou un totémiste, un panthéiste, un polythéiste croient chacun à leur façon en dieu : soit en disant qu'on ne peut rien dire de leur existence, ni qu'ils ne sont ni qu'ils ne sont pas ; soit en prétendant qu'ils se trouvent dans des objets ou des représentations animales ; soit en l'identifiant à la totalité de ce qui est ; soit en affirmant leur multiplicité.

Aucun épicurien n'est athée, autrement dit, aucun n'affirme que Dieu ou les dieux n'existent pas. Bien au contraire : Épicure, Métrodore de Lampsaque, Hermarque de Mytilène, Idoménée de Lampsaque, Polyen de Lampsaque, Polystrate, Zénon de Sidon, Philodème de Gadara, Lucrèce bien sûr, proclament leur existence matérielle, atomique. Démétrios Lacon écrit même un traité sur ***La Forme du dieu*** dont il ne reste que quelques fragments. Avant eux, les matérialistes atomistes

Leucippe et Démocrite ont eux aussi affirmé l'existence matérielle des dieux. On ne saurait donc parler d'un athéisme épicurien, sauf à partir d'une religion, le christianisme, par exemple, pour laquelle cette façon de concevoir les dieux, radicalement antichrétienne, est assimilable à l'athéisme.

Lucrèce affirme :

> « Tout ce qui tient des dieux se voit obliger
> De jouir de l'éternité dans une paix profonde,
> Et le complet détachement des choses de ce monde :
> Leur âme, exempte de souffrance, exempte de danger,
> Forte de ses pouvoirs, à notre sort indifférente,
> De mérites n'a cure et de courroux point ne fomente. »
>
> (I.44-49)

Leurs vertus sont édifiantes, ce sont elles que doivent viser les hommes : ne rien craindre, n'avoir peur de rien, ne pas souffrir, et on a vu avec l'exemple de la foudre que la réduction matérialiste de ce qui effraie apaise les angoisses ; être indifférent à la trivialité des choses de ce monde, en sachant où se trouvent les valeurs authentiques, les vraies vertus, et l'on verra qu'il s'agit de l'art de sagement mener une vie voluptueuse ; ce qui ne manquera pas de conduire l'impétrant du Jardin à la jouissance de l'éternité dans une paix profonde.

Où sont les dieux ? Sont-ils quelque part dans le monde ? Et si oui, dans quel endroit ? Dans l'homme, hors de l'homme ? Lucrèce répond : dans les « intermondes » ...

> « Comment croirais-tu qu'en ce monde les dieux
> Eussent quelque part fixé leurs séjours et leurs saints lieux ?
> Des dieux subtile est la substance ; elle fuit la portée
> De nos sens, et, pour l'esprit, à peine est-elle attestée…
> Et, puisqu'il faut le toucher et la caresse des mains,
> Rien elle ne palpe qui soit palpable aux sens humains,
> Car comment pût toucher ce que l'on ne peut toucher point ?
> Leurs séjours doivent donc être différents à l'extrême

> Des nôtres, et subtils, autant que leur substance même
> Plus tard avec quelque ampleur nous reviendrons sur ce point… »
>
> (V.146-153)

Hélas, il n'y aura pas de plus tard, donc nulle ampleur dans le traitement annoncé de ce sujet… D'aucuns voient dans cette promesse non tenue la preuve que ***La Naissance des choses*** est un poème inachevé, soit par la mort de son auteur, son suicide, diraient les chrétiens, soit par la perte de la fin du poème. Sauf découverte d'un rouleau inédit personne n'est à même de trancher.

On sait en revanche qu'Épicure a donné des détails sur ce sujet : leur matière est faite d'atomes d'une extrême subtilité qui empêche leur perception, leur aperception, leur appréhension par les sens ; on ne peut donc en avoir une idée que par l'esprit ; ils ne sont pas soumis aux chocs des atomes qui constituent les agencements et les agrégats avec lesquels le monde est composé ; de sorte que cette extraterritorialité atomique en fait des entités incorruptibles et éternelles ; voilà pourquoi ils n'interfèrent jamais dans les affaires du monde, ils ne sont pas du même monde que les hommes bien qu'étant dans le même univers, le même cosmos matériel.

Pour comprendre comment ils peuvent se trouver dans des intermondes, disons quelques mots sur la pluralité des mondes chez les épicuriens. Lucrèce écrit qu'il est nécessaire :

> « D'admettre qu'il se trouve, ailleurs, mille amas de matière,
> Tous frères de ce séjour qu'étreint notre éther jaloux !
> De plus, quand de partout la substance est fournie à tous,
> Que l'espace est offert, et que rien ne s'oppose,
> D'évidence, il doit se faire, et parfaire mainte chose !
> Si les semences, à flots, peuvent tellement fournir
> Qu'en vain à les compter des vivants l'on usât les vies,
> Si la matière et l'énergie, afin de les unir
> Selon les combinaisons qui furent chez nous suivies,
> Se conservent toujours, alors, on doit en convenir,

Il faut que d'autres mondes soient, en mille autres parages,
Et mille races d'humains et mille espèces sauvages !
De plus, le Grand Tout ne peut d'être unique contenir,
Qui naisse unique, unique croisse, orphelin de semblables,
Et ne soit point de quelque espèce ! Aux membres innombrables !
Des vivants d'abord, par l'esprit, tout le règne envisage :
N'en va-t-il pas ainsi par les monts dans le monde
Sauvage ?
Ainsi, de l'humaine espèce ? Ainsi, de tous les oiseaux
Et de la gent écailleuse, hôte muette des eaux ?
De la même façon, il faut donc admettre que Ciel,
Lune et Soleil, Terre et Mer, et tout ce qu'on voit de tel,
Loin d'être une exception, sont plutôt en nombre innombrable,
Puisque leur temps est borné par un terme inébranlable,

Et que ces corps ne sont pas moins soumis à la naissance
Qu'aucune espèce qui chez nous propage son engeance.»

(II.1065-1089)

Il existe donc une multiplicité de mondes peuplés d'autres organismes vivants, dont des hommes ! Lucrèce démontre la vérité et la réalité de l'infini avec une image célèbre, celle du javelot :

«Supposé que l'espace fût un volume borné,
Qu'on s'avançât au dernier point, et qu'en ce bord extrême,
De lancer des javelots l'ont eût le dessein formé,
Tous ces traits iraient-ils, lancés d'une force suprême,
Voler deçà jusqu'à leur cible, ou plutôt croirais-tu
Que par quelque obstacle leur vol se vît interrompu ?
Des deux options il faut qu'une ou l'autre soit prise,

Car sur aucun des flancs la retraite ne t'est permise :
Te voilà donc bien forcé d'admettre un monde infini,
Soit que quelque chose au-dehors défende au trait parti
De poursuivre sa trajectoire et d'atteindre sa cible,
Soit qu'outre il passe aussi bien, toujours est-il impossible
Que ce soit du "dernier point" que ce trait-là soit sorti !
Et pousse encore, encore je m'enquerrai de ta flèche :
Mais nul obstacle il ne sera qui de voler l'empêche,
Car il s'ouvre à sa fuite une refuite à l'infini.
De plus, si l'Univers fût, dans son étendue entière,
De toutes parts enclos dans un périmètre fini,
Et qu'il fût ainsi borné, la masse de la matière,
Sous le poids des corps, de partout eût coulé vers le fond,

Rien ne bougerait plus alors sous le dôme profond,
L'on ne verrait plus de ciel ni de jour qui resplendisse,
Puisqu'il fallût que la matière alors toute croupisse,
Lent dépôt par le temps au fil des âges déposé.
En fait, le vol des corps jamais n'est immobilisé,
Dès lors que pour s'amasser ils ne trouvent nulle assise
Où leur demeure pût éternellement rester sise. »

(I.968-994)

La pluralité des mondes dans un univers infini permet qu'entre les univers se trouvent des intermondes dans lesquels vibrent les atomes subtils des dieux matériels.

Rien ne permet d'induire ou de déduire cette existence. La cosmogonie épicurienne tient sans cette hypothèse de dieux atomiques ! Ils n'ont pas créé le monde, ils ne le gouvernent pas, ils ne jugent pas les hommes dont ils se contrefichent, ils ne destinent donc pas les morts à des paradis ou à des enfers qui n'existent pas, les âmes matérielles se décomposent et ne sauraient donc être vouées à quelque punition ou quelque récompense que ce soit, pas plus qu'elles ne sont destinées à survivre sous forme immatérielle puis à se réincarner dans un processus platonicien de métempsycose ou de métensomatose.

À quoi servent-ils, alors ?

À édifier le philosophe qui va vers la sagesse, car les dieux fournissent un idéal de vie. Épicure l'a formulé dans les derniers mots de sa ***Lettre à Ménécée*** : le projet consiste à « vivre tel un dieu parmi les hommes », c'est-à-dire dans la sérénité, le bien-être, la quiétude, le calme, le repos, la paix de l'âme – l'ataraxie, l'absence de craintes, de troubles, de douleurs, de souffrances. Cette volupté existentielle est une joie.

Les dieux épicuriens sont donc les compagnons des hommes. Ce qui n'est pas le cas dans les autres religions où, la plupart du temps, ils se révèlent ennemis des humains ! Et Lucrèce se montre un farouche adversaire des religions. Dès les premiers vers de son poème, il attaque « le joug religieux » (I.63) : la religion se trouve à l'origine d'un nombre incroyable de forfaits ; elle fait couler le sang en exigeant des sacrifices humains ; elle génère les souffrances de ceux qui voient mourir les leurs sous les coups du sacrificateur – qu'on songe à Iphigénie immolée vierge et conduite à l'autel du meurtre sous prétexte de mariage, avec l'accord de son père, pour apaiser la colère d'Artémis qui retient les vents nécessaires au transport par mer de ses troupes vers Troie.

La Naissance des choses oppose, on le sait, la philosophie d'Épicure aux fictions religieuses – le matérialisme à l'idéalisme, l'atomisme au spiritualisme, les faits aux rêveries. Lucrèce propose une généalogie de ces fictions. La religion naît de la méconnaissance des causes naturelles et véritables des choses : les hommes constatent les cycles dans la nature, ils en déduisent l'existence d'un principe organisateur de ces éternels retours et l'investissent d'une formidable puissance ; comme ils constatent que ces mouvements d'astres s'effectuent dans le ciel, ils en font le lieu de leurs divinités ; dans leurs rêves, ils voient d'incroyables figures auxquelles ils accordent crédit et qui donnent naissance à des divinités toutes-puissantes ; ces personnages revenant régulièrement dans leurs songes, ils leur accordent l'éternité, ils s'y montrent infatigables, invincibles, dès lors les hommes les associent à la force et à la toute-puissance. Dans tous les cas de figure, les divinités sont des produits du rêve. Les dieux, quand ils ne sont pas composés d'atomes subtils, sont taillés dans l'étoffe des songes.

Lucrèce fustige la superstition :

> « La piété n'est point d'être vu sous le voile souvent
> S'adressant à du marbre et vers les autels arrivant,
> Bras en croix, prosterné jusques à terre baisée
> Parmi les parvis sacrés, ou d'inonder les autels
> De sang de bête en adressant des vœux aux Immortels :
> C'est considérer l'univers avec l'âme apaisée. »
>
> (V.1198-1203)

Autrement dit : vivre selon les principes de l'épicurisme romain !

Épicure seul permet d'en finir avec la religion au profit de la philosophie :

> « [...] Quand, tout homme qu'il fût, un Grec a le premier,
> Relevant les yeux, eu l'audace de les défier.

Lui, les fables des dieux, la foudre, et le ciel qui murmure
Ne l'ont pu retenir, et n'ont fait que fortifier
L'ardeur qui le portait à rompre en pionnier la clôture
Et les verrous tirés des portes de la nature.
Sa force d'esprit vainquit. Celui-là sut, le premier,
Forcer les murs de feu de l'enceinte du monde,
Et de l'être et des cieux courir l'immensité profonde.
Vainqueur, ce qui peut naître ou non, il nous vint l'enseigner,
Quelle loi définit le possible pour toute chose,
Et quelle borne, aux tréfonds, à tous les débords s'oppose.
La religion est à terre à son tour, exsangue, aux
Pieds ! Nous triomphons, et du ciel nous voici les Égaux. »

(I.66-79)

Variation sur le thème de l'homme semblable aux dieux !

Mais, pour ce faire, pas plus qu'il ne faut se soumettre à des dieux ou à un dieu, il ne faut s'assujettir à des hommes – en l'occurrence ici : *à des femmes* ! Lucrèce propose de démystifier l'amour comme il a déconstruit la croyance. L'empire sur soi oblige à ce que personne n'ait empire sur nous-mêmes – ni les divinités ni les femmes, fussent-elles divines…

6

Construire un couple ataraxique

Lucrèce est l'auteur d'une image devenue proverbiale, le *Suave mari magno* :

> « Douceur sur l'abîme immense où les vents troublent les flots
> Pour qui depuis la terre voit l'ahan des matelots !
> Non que d'un autre sans doute on aime à guigner la peine,
> Mais voir ce que l'on s'épargne est d'une douceur certaine. »
>
> (I.1)

Certes, on ne sait rien de sa vie, mais de cette poignée de vers faut-il conclure un peu de sa psychologie ? Sûrement pas car chacun, s'il est honnête, s'avouera avoir expérimenté cette étrange passion triste, cette curieuse joie mauvaise à voir autrui dans le malheur en constatant que c'est un autre qui s'y trouve, pas soi, et que, de ce fait, il vient d'échapper à une souffrance – ce qui, mécaniquement, génère une jouissance…

Chez Lucrèce, l'amitié joue bien sûr un rôle, mais le philosophe romain ne manifeste pas le même enthousiasme que le penseur grec. Dans ***La Naissance des choses***, on trouve un long et terrible, mais si juste, développement sur l'amour, la passion, ses effets, sa nature, ses ravages, ses ridicules, mais nul équivalent pour l'amitié. Lucrèce a-t-il été amoureux ? Il semble écrire d'expérience… On repère dans ces vers-là la connaissance empirique d'un homme qui a souffert des affres de cette passion. N'aurait-il jamais vécu les plaisirs de l'amitié qu'il n'en parle nulle part ?

L'amitié est architectonique chez Épicure : rien pourtant sur cette question dans la ***Lettre à Hérodote***, rien dans la ***Lettre à Pythoclès***, rien dans la ***Lettre à Ménécée***, qui fonctionne pourtant en résumé de la morale épicurienne.

En revanche, quelques considérations dans les ***Maximes capitales*** et les ***Sentences vaticanes*** : l'amitié y est présentée comme le véhicule de prédilection de la sagesse et du bonheur, de la béatitude et de la joie ; on ne doit ni la donner sur-le-champ ni tarder à l'offrir ; pour elle, on doit pouvoir s'exposer à un danger ; elle comporte bien sûr une part d'utilité, mais ne doit pas être motivée par elle ; elle est si forte et génère tellement l'empathie que la torture d'un ami fait autant souffrir que s'il s'agissait de soi ; la sympathie pour l'ami ne doit pas se manifester après sa mort mais de son vivant, en lui montrant le souci qu'on a de lui ; enfin, elle est une affaire d'hommes bien nés. Dans ses trois cents livres, on sait qu'Épicure a écrit sur l'amour, les affections, l'imagination, les simulacres, mais rien, semble-t-il, sur l'amitié.

La Naissance des choses ne déroge pas à la règle : rien sur l'amitié, une dizaine d'occurrences, mais en passant, aucun développement conséquent. Une mention, mais pour signaler son rôle dans l'humanisation des premiers hommes. Il semble qu'on extrapole bien souvent de la définition banale de l'épicurisme, banale et triviale, celle du sens commun, l'existence d'une amitié festive à table, entre cuisine frugale et cratères de vin de qualité, conversations philosophiques et rire des choses et du monde comme il va, une vertu qu'Aristote a bien plus profondément analysée dans son ***Éthique à Nicomaque***. Lui à qui l'on prête cette formule :

« ami, il n'y a pas d'amis », il semble avant l'heure avoir écrit pour Lucrèce...

En revanche, sur l'amour, Lucrèce a bel et bien disserté ! Il a même produit une analyse d'anthologie...

On ne l'ignore plus à ce stade de l'analyse, les affections sont effets atomiques. Les affections, donc les sentiments, les émotions, les passions, les affects, les sensations, les perceptions.

La vue d'une jolie personne qui, dans les embarras sonores de Rome, passe dans les rues de la Ville éternelle nimbée d'une lumière de printemps, non loin d'un étalage de fruits et de fleurs, est d'abord affaire de simulacres. Ce sont en effet les atomes qui la constituent qui, détachés d'elle, circulent dans l'air sous forme de simulacres qui pénètrent nos sens : on la voit, on la sent, on l'entend, on la touche finalement puisque ce sont les atomes de ses simulacres qui, entrant en contact avec les atomes de notre esprit, via nos portes sensorielles, parviennent à notre âme matérielle. Des atomes crochus, acérés ou vifs qui nous agressent, des atomes lisses, ronds et fins qui nous réjouissent, et ce sont répulsions ou attractions qui animent, c'est le mot qui convient, notre corps matériel.

Lucrèce commence son analyse avec la naissance du désir dans le corps des adolescents – il faudrait citer intégralement ces vers qui constituent un sommet de la littérature occidentale (IV.1030-1287). Puis il est question de sperme, de semence, de liqueur, de substance, de sécrétion, d'humeur, de chair, de nerfs, de turgescence, d'éjaculation, de plaisir. Nous sommes bien loin du ***Banquet*** de Platon, de ses mythes, de ses fictions, de ses idées et de son ciel intelligible…

Précisons en passant que Lucrèce ne campe pas sur une position hétérosexuelle qui eut été plus facilement celle des Vieux Romains. Il écrit :

> «De même, qui des traits de Vénus est hameçonné,
> Qu'il soit victime d'un éphèbe au tour efféminé,
> Ou des rayons d'amour que darde une fière lionne,
> Court sus au tireur : à tout prix, il faut qu'il le sillonne,
> Pour épandre en ce corps l'humeur qui sourd du sien :
> Son désir muet présageant d'un plaisir souverain.»
>
> (IV.1052-1057)

Et Lucrèce de passer de la généalogie du plaisir par le désir matériel à sa suite moins réjouissante !

> « C'est douceur au début qui perle et filtre dans les cœurs,
> La suite, hélas, n'en est que peines et froides rigueurs. »
> (IV.1059-1060)

Le philosophe-artiste, probablement échaudé dans sa vie amoureuse, estime que, de ce désir-là, il vaut mieux se débarrasser dans le premier corps venu mais sûrement pas dans un corps à demeure... Le palindrome de *Roma* est, on le sait *Amor*, et nombre de pages de Juvénal, Perse, Catulle, Tibulle ou Properce font l'éloge des plaisirs simples dans des bordels, où la jouissance se trouve naturellement prise sans qu'il en coûte quelque déplaisir que ce soit ! Cette *liqueur qui menace débordement*, c'est la définition du désir épicurien, attend son réceptacle matériel. La « Vénus volage » (IV.1071) est l'amie du sage !

À l'évidence, il n'y a là rien que de très prosaïque, mais c'est le prix à payer pour éviter la souffrance qui tient durablement éloigné de la sagesse. On peut préférer une lecture moins immanente et plus romantique. Mais Lucrèce n'a que faire du romantisme s'il doit se payer au prix fort de souffrances dans la vie. On peut être platonicien, si l'on veut, mais c'est au risque et péril de l'illusion dont l'évolution dans le temps conduit inévitablement à… la désillusion ! Car même l'illusion vieillit, s'use et meurt. Les rêves de princesse qui attend son prince charmant n'ont qu'un temps – idem avec le prince qui attend sa princesse, sinon, puisqu'il faut être moderne, et à défaut d'effectuer toutes les variations possibles en la matière, le prince qui attend son prince ou la princesse qui attend sa princesse.

Cette lecture radicalement matérialiste du désir et du plaisir réside en effet aux antipodes d'un désir défini comme manque à combler par l'impossible quête de sa moitié perdue telle que racontée chez Platon et les platoniciens. Cette fiction a généré la conception éthérée et transcendantale, spiritualisée et spirituelle, idéaliste et idéalisée de l'amour en Occident. On ne mesurera jamais les misères qu'a pu entraîner ce mythe de l'androgyne devenu pilier de l'érotique judéo-chrétienne.

Dès qu'on a été alpagué par les simulacres d'une beauté – on me pardonnera de ne parler qu'à partir de mon hétérosexualité… –, la sagesse veut qu'on répande cette liqueur qui menace débordement là où l'on pourra avant de s'enquérir ensuite de nouvelles aventures nomades. Le désir est multiple, que le plaisir le soit aussi. L'amour d'une seule conduit inéluctablement à la souffrance. C'est le prix à payer pour que le désir et le plaisir restent intacts.

Car le propre du désir est de générer un désir sans fin, sans fond, impossible à rassasier. Il allume une flamme perpétuelle qui consume tout l'être sans laisser de lui autre chose que des cendres. Mais quid de la sagesse chez un individu perpétuellement consumé par le désir ? Tout à la quête de résoudre ce désir en plaisir ? Le bordel, vous dis-je…

Pour illustrer cette thèse de l'éternel retour du désir que le plaisir aiguise, affûte comme le fil d'un rasoir, Lucrèce effectue une singulière phénoménologie du baiser :

> « Quand enfin enlacés ils vont goûter la fleur de la vie,
> Quand tout le corps, sentant monter sa joie épanouie,
> Vénus est au bord de semer le féminin sillon,
> Le désir cheville leurs corps, leur salivation

De bouche flue en bouche ; ils n'ont, lèvre à lèvre, qu'une haleine.
Hélas ! Que mordre ici ? C'est bien perdre leur peine !
Comment pénétrer dans l'autre et s'y perdre tout entiers ?
Car à voir leur combat, c'est ce qu'ils fissent volontiers,
Tant Vénus presse avec feu le tenon dans la mortaise,
Jusqu'à ce que, pâmant, tout le corps mollisse et s'apaise !
Lorsque l'aine collecté le désir enfin jaillit,
Cette violente ardeur brièvement se finit ;
Puis, leur fureur les reprend avec un regain de rage,
Car ils ne savent pas même où les conduit leur courage,
Ni ne peuvent trouver engin à juguler leur mal,
Ne sachant quel virus là les ronge au for animal.
En se consumant donc ils meurent à peine perdue,
Et passent une vie au sourcil de l'autre appendue. »

(IV.1105-1122)

Lucrèce acte le solipsisme induit dans la sexualité par le matérialisme atomiste. Comment deux âmes pourraient-elles s'unir puisqu'elles sont constituées d'atomes qui ne sauraient fusionner? Les matières du corps-à-corps sont imperméables l'une à l'autre. Où l'on comprend le sens du «hélas» dont le pourquoi se trouve explicité au vers suivant : «Comment pénétrer dans l'autre et s'y perdre tout entier?» Le moment qui semble passer pour le plus fusionnel, l'orgasme, est au contraire l'instant le plus autiste! Chacun jouit seul et mesure ce qui le sépare définitivement de son partenaire. Il ne jouit que sa jouissance, tout comme l'autre, condamné à un même solipsisme. Pas plus on ne *souffre la souffrance* d'autrui on ne *jouit la jouissance* d'autrui. Certes on peut *jouir de la jouissance* d'autrui, ou *souffrir de sa souffrance*, ce qui est probablement amour ou amitié véritables, mais les mécanismes atomiques de la jouissance ou de la souffrance sont terriblement solitaires, effroyablement égotistes. Là où surgit le plaisir se trouve l'immense solitude, la désespérante solitude. L'éjaculation qui est sortie de la semence coïncide avec le plus intégral repli sur soi.

Lucrèce poursuit sa physiologie de l'amour – toujours sous la forme d'une pathétique, sinon d'une pathologie. Car, pendant que le désir travaille les victimes de Vénus qu'on nomme des amoureux, rien n'existe plus que cette furie atomique ! Les deux partenaires se moquent de la morale, de la société, de l'entourage, des vertus, de ce qu'on dit ou pense d'eux, de leurs devoirs aussi. Il n'y a plus que repas fins, vins rares, parfums capiteux, dentelles et colifichets. On perd son temps au lit, on affaiblit son corps, on devient susceptible au moindre mot qu'on croit proféré de travers, on se montre jaloux en épiant tout ce qui pourrait ressembler à un sourire ou à un regard destiné à un ou une autre. On se trouve pris dans un filet auquel il est plus facile de ne pas consentir au départ que de s'en défaire ensuite. Mieux vaut refuser la passion amoureuse dans ses prémices que d'avoir à s'en délivrer une fois le poison inoculé…

La passion amoureuse rend bête. Qui n'a souri, en entendant des tourtereaux se nommer de façon régressive – petits lapins et gros chats, mamour, mon bébé et ma biche ? Lucrèce compose des vers d'anthologie ; Molière en fait son miel dix-sept siècles plus tard :

«Combien d'amants ne vont-ils, aveugles en leurs transports,
Trouver malgré ses travers à l'almée un charme extrême !
Ainsi que d'horreurs ne voit-on, noires de déshonneurs
Charmer tous les regards et traîner après soi tous les cœurs !
Les amants s'en gausser entre eux : "Bonne Vénus, apaise,
Crient-ils, ce mal, éteins ces feux honteux, ne t'en déplaise !"
Sans voir, les malheureux, où pèchent leurs propres amours :
Leur mauresque est "cachou", la souillon, "simple et sans atours" ;
La voici "Pallas aux yeux pers" pour si peu qu'elle louche,
Une "gazelle" quand d'un cep elle semble la souche ;
La Pygmée est "ma Phyllis", "ma fleur de sel", "mon Crystal" ;
Est-ce une tour, c'est "ma déesse", ou "mon haut idéal",
La bègue "fait des fredons" ; muette c'est "une sage" !

Prend-elle flamme, aussitôt c'est “mon volcan”, “mon orage”,
Et “mon bébé d'amour”, quand sa maigreur est à mourir,
“Ma Délicate”, si sa toux ne parvient à guérir ;
La grasse, la mamelue, est Cérès portant Bacchus,
“Mon Sylvain”, “mon doux Biquet”, dès qu'elle a le nez camus !
Long serait le catalogue à qui voulût tout dire. »

(IV.1152-1170)

Ce que le bon sens populaire recycle dans l'adage : « L'amour rend aveugle… »

L'amoureux estime que cette femme est la seule, qu'il n'y en a pas d'autre, bien qu'il ait sans dommage vécu tout ce temps sans elle ; il est langoureux à la porte d'une qui le fait attendre ; il se ruine en fleurs ; à se faire jouet entre les mains d'une allumeuse, il fait l'objet de moqueries et de railleries ; il oublie que dans l'intimité, cette beauté sent parfois l'écurie.

Puis il parvient à ses fins et se trouve enfin en présence de la femme convoitée. Dès lors, il expérimente le pouvoir enjôleur du désir, sa faculté d'égarer, son pouvoir de tromper, sa capacité à duper, berner, mystifier : cette dame n'est pas si belle, si fine, si drôle, si originale, si intelligente qu'il l'avait imaginé… D'autant qu'elle peut avoir bien travaillé en amont à dissimuler sa véritable nature ! Tout ça pour ça ?

En fait, la véritable raison de l'amour n'est pas l'amour ! Pas plus elle ne se trouve dans la singularité de la personne aimée. Ni même, quelle fable !, dans l'hypothèse que tel ou tel entrerait plus ou moins en relation avec l'idée d'Amour sise aux côtés de l'idée de Juste, l'idée de Bien, l'idée de Vrai !

Lucrèce pense moins en termes d'individus séparés que d'espèce une et unique. Dans une dissertation sur l'amour, le voilà qui entretient de la chair du père et du sang de la mère, de germes, d'embryons, de semence, de souche, de qualités de sperme, ici chassieux, là clair, ailleurs fluide, autre part épais, de l'influence des régimes alimentaires sur la qualité de la liqueur séminale, de copulation, d'éjaculations, de fécondation, de grossesse, de maternité, de « lignée » (IV.1253).

Détail technique, pour les amateurs et les puristes, Lucrèce vante les mérites gynécologiques de la position dite en levrette :

« [...] aimer comme les chiens le font
Et les bêtes à poil, permet mieux, maints vous le diront,
À la femme de concevoir, car tout obstacle elle ôte
Aux semailles ainsi, seins bas, fesse haute.
Une épouse n'use point de geste voluptueux,
Car elle empêche en fait le semis d'être fructueux,
Si, branlant la Vénus mâle, elle ondule de la fesse,
Et, seins au vent, l'invite à répandre à flots son ivresse,
Car ainsi bouger, c'est le soc bouter hors du sillon,
Et semer à tous les vents loin du fertile vallon !
Bien s'avise la putain qui de la sorte lutine :
Moins souvent lui reviendront les couches et la gésine,
Et plaisir n'en seront que plus vifs pour cela !
Mais l'épouse n'a point besoin, elle, de ce train-là. »

(IV.1264-1277)

Voilà donc le fin mot de ce que l'on nomme l'amour : la reproduction, le lignage, la vie et la survie de l'espèce. L'individu croit aimer, il est en fait le jouet de la nature qui veut produire et reproduire la vie ! Le sot qui croit aimer travaille en aveugle au projet de l'espèce. Après avoir été séduit par les simulacres de la belle sur le marché de Rome, il commence par un baiser qui se termine par un berceau à roulettes qui fonce vers le cercueil... Marché de dupes !

Après la démythologisation de la *religion*, cette démystification de l'*amour* s'avère radicale. Le sage n'a que faire des dieux, il se moque également de mettre au monde des enfants. Ni les arrière-mondes de la religion, ni l'ici-bas des familles ne constituent des horizons indépassables. Il veut être souverain, or, se faire le sujet des dieux tout autant que le vassal ici des femmes mais plus généralement d'un partenaire, c'est abdiquer à ce projet d'être *sire de soi*, autrement dit : *seigneur de soi-même*, comme y invitent les Normands dans une magnifique formule médiévale.

Résumons : le désir qui nous possède est un trop-plein de semence qui menace débordement ; il n'est pas un manque à combler par la quête éperdue d'une partie adéquate à notre être intime qui erre quelque part sur terre ; cette semence est faite d'atomes génésiques, probablement doux, ronds et lisses vu les effets hédonistes induits ; cette substance séminale possède le corps et le conduit vers son destin : l'accouplement de deux individus afin de reproduire l'espèce ; l'amour nomme ce tropisme vétérinaire dont les individus sont les dupes ; il rend sot, stupide, aveugle, ridicule, risible quiconque se trouve conduit par ce délire atomique.

Il n'y a rien d'autre que ces délires atomiques ! Ils sont les tremblements perpétuels de cette physique épicurienne. Les amoureux obéissent à ces mouvements d'atomes, à ces flux de particules, à ces dynamiques séminales conduites par ce qui, dans la vie, veut la vie : « les secrets ultimes de la nature » (I.1116), ou, dit autrement : les « lois de la nature » (I.586), obéissent à un *principe vitaliste*.

Que faire ?

Aller au bordel quand la semence menace débordement, on l'a déjà vu ! On imagine bien que, même quand on ne croit pas aux dieux, Onan peut être appelé au secours en cas de besoin. Passer d'une femme à l'autre en refusant d'être pris au piège de la passion amoureuse. Refuser, même si la chose n'est pas clairement dire, mais le *hélas* lucrétien parle en faveur de cette thèse, de faire des enfants, de fonder une famille, de pouponner, de donner le branle au berceau.

Mais cette vie de nomadisme sexuel, de libertinage, de fréquentation des maisons closes, sinon d'onanisme, constitue-t-elle un horizon indépassable pour qui souhaite mener une vie épicurienne ?

Épicure meurt septuagénaire, Lucrèce, pour ce qu'on en sait, dans la quarantaine. Le premier était malade et a vécu une vie frugale faite d'ascèse, de pain et d'eau, parfois un verre de vin et un petit morceau de fromage pour faire bombance, probablement aussi de renoncement sexuel. On ne lui connaît ni femmes ni enfants. Son testament nous apprend qu'il avait tout de même des domestiques et une servante, sobriété et ascèse, certes, mais juste ce qu'il faut...

Du second, on peut extrapoler une autre biographie : rien qui ressemble dans ***La Naissance des choses*** à une diététique des désirs qui distingue les *désirs naturels et nécessaires*, manger quand on a faim, boire quand on a soif, mais de quoi supprimer la faim et la soif qui sont douloureux, les *désirs naturels et non nécessaires*, la sexualité dont il n'est pas fondamental d'y obéir, et les *désirs non naturels et non nécessaires*, les honneurs, le pouvoir, la possession, qui sont prohibés. Épicure, à la petite santé, au corps chétif, à l'âge avancé peut-être, développe la philosophie de sa propre personne. Le plaisir est pour lui absence de souffrances et s'obtient par la seule satisfaction des plaisirs naturels et nécessaires – le fameux verre d'eau agrémenté d'une tranche de pain…

La simple lecture de la première page de Lucrèce devrait permettre d'en finir avec le lieu commun d'une œuvre qui ne serait que calque laborieux et latin d'une pensée grecque subtile et élaborée, d'un pensum poétique s'essayant à mettre à la disposition de ces rustres de Romains une philosophie trop conceptuelle pour eux ! Épicure condamne clairement l'usage de la poésie ; Lucrèce fait l'éloge du philosophe d'Athènes dans un poème fleuve de plus de sept mille vers : n'est-ce pas, vingt siècles avant qu'on lui en fasse le reproche dans les amphithéâtres des universités, une réponse ironique à ces remarques mal venues ?

Par ailleurs, si Lucrèce n'avait été qu'un rimailleur emprunté, un Romain au sourire béat, Gros-Jean comme devant avec les concepts athéniens, comment aurait-il pu inviter à satisfaire le désir naturel et non nécessaire, j'ai nommé la sexualité, par soi-même, en allant dans les bordels ou en passant de femme en femme, là où Épicure invite à faire preuve d'une rigoureuse ascèse corporelle ?

Le vieil Épicure peut régler la vie quotidienne d'un monastère ; pas le tempétueux Lucrèce…

Et puis, il existe un moment philosophique spécifique chez Lucrèce qu'à ma connaissance on ne trouve nulle part ailleurs dans la doxographie épicurienne : le *couple ataraxique*. Cette pensée se cache dans une poignée de vers, dix pour être précis, dans un total qui, à l'époque où le texte disposait de sa fin, allait probablement vers les dix mille vers, s'il ne les dépassait pas… Est-ce la raison pour laquelle on commente si peu, voire jamais, cette belle idée ?

Il s'agit de réflexions concernant *l'épouse*.

On a vu que, dans les débats érotiques, l'épouse ne tortillait pas du popotin, si je puis me permettre une adaptation de la traduction de feu mon ami Bernard Combeaud, dont je sais qu'il me l'aurait permise dans un grand éclat de rire ! L'ondulation de la fesse est affaire de putain, est-il écrit – et traduit. Une épouse n'a pas de ces manières.

Qu'est l'épouse ? Que fait-elle ? Quel est son statut philosophique ? Elle est la compagne du philosophe dans sa vie philosophique, elle contribue à l'ataraxie de son époux, elle veille à l'absence de troubles, elle est partie prenante dans l'aventure existentielle qu'est l'épicurisme, elle est sage, elle aussi, par la sagesse qu'elle permet.

Lisons :

> «Ce n'est ni les dieux ni Vénus de sa flèche traîtresse
> Qui font que malgré ses travers l'on aime sa maîtresse,
> Car c'est le plus souvent par ses propres efforts,
> Sa douce complaisance, et les soins donnés à son corps,
> Qu'une femme nous fait supporter sa présence.
> Amour au reste n'est-il pas enfant d'accoutumance ?
> Rebattu sans relâche, un coup, fût-il le plus léger,
> De tout triomphe à la longue et parvient à tout ronger ;
> Oui, la goutte, ne le vois-tu, qui tombe sur les pierres,
> Dans le roc, à force de temps, creuse des fondrières.»
>
> (IV.1278-1287)

Il faut imaginer Lucrèce heureux…

7

La mort, une vie comme une autre

Dans ***La Naissance des choses***, Lucrèce démystifie et démythologise avec le secours de sa seule physique des atomes qui tombent dans le vide ! Il congédie les dieux et la religion et réduit à rien ce qui les constituait, la crainte et la peur ; il démonte l'amour et la passion comme un puzzle d'enfant pour les réduire à la pure et simple biologie reproductive ; il propose de faire de même avec la mort et l'au-delà en inscrivant le trépas dans un processus vitaliste – qui s'avère une façon pour la vie de continuer à produire ses effets. De fait, le défunt vit sa vie de cadavre comme un vivant vit la sienne, en support au « système qui régit les corps » (II.720). De sorte qu'on peut affirmer que, pour lui, la mort est une façon pour la vie de vivre la vie, sa vie.

À quoi ressemble cette modalité du vivant qu'on nomme la mort ?

Reprenons les acquis : tout n'est qu'agencements d'atomes qui chutent dans le vide. Dès lors, la mort relève elle aussi de cette pluie verticale de particules. Le clinamen enclenche le premier choc d'atomes qui va générer les suivants, qui, eux-mêmes, vont constituer la matière avec laquelle se développera ce monde-ci, bien sûr, mais également les autres mondes qui peuplent l'univers infini. La pluralité des mondes est soumise aux mêmes lois que l'organisation d'une abeille. L'infiniment petit et l'infiniment grand sont réductibles à des agencements d'atomes.

Lucrèce ne pose pas la question du passage de l'atome au vivant, de la particule élémentaire à son agencement dans un dispositif où la vie se met et se voit à l'œuvre. On ne saurait, adossés que nous sommes à deux millénaires de physique et d'astrophysique, et, récemment, de relativité généralisée, de relativité restreinte, de big-bang, de mécanique quantique, de théorie des cordes, d'univers chiffonné, d'expérimentation de l'infiniment grand et de l'infiniment petit avec les verres polis du microscope et du télescope, sinon des modélisations numériques, on ne saurait donc demander à

Lucrèce de théoriser ce que Galilée et Pasteur ont découvert l'un au XVIIe siècle l'autre au XIXe !

Lucrèce souscrit en effet, comme tout le monde en son temps, à ce qu'il est convenu d'appeler la génération spontanée.

> « Ne voit-on, sous nos yeux, naître vivant le ver
> Des puanteurs du fumier, quand pourrissent les terreaux
> Détrempé d'excessive pluie au sortir de l'hiver ?
> Et tout se transforme ainsi : ces cycles sont généraux :
> Le ruisseau devient feuillage, et moutons les verts pâtis,
> Les troupeaux donnent nos chairs, qui n'en sont que les produits,
> Et nos chairs vont encore enfler maintes fois de leurs restes
> Des fauves, ou du roi des airs les entrailles funestes.
> De tout nature fait ventre, et tout elle convertit
> En vive chair. Le vivant sensible elle le produit

À peu près comme elle sait des fagots aux sèches rames
Extraire les vrilles de feu qui n'en feront que flammes.»

(II.871-881)

Mais il existe des erreurs fertiles : car, souscrire à la génération spontanée telle que théorisée par Aristote s'avère bien sûr une erreur factuelle, mais c'est également une hypothèse épistémologique féconde puisqu'on y trouve, loin d'une fausse science encombrée par la scolastique empêtrée dans ses causes, ses effets, ses attributs, ses quiddités, ses qualités, ses relations, ses modalités, ses quoddités, ses essences, des intuitions qui permettent d'approcher ce qui deviendra deux mille ans plus tard transformisme chez Lamarck et évolutionnisme chez Darwin !

Que le ruisseau devienne feuillage, donc pâturages pour les moutons, donc gigots pour les humains, donc nourriture pour le lion ou les charognards, et ce par les seuls effets de la pluie hivernale sur la terre devenue fumier, autrement dit de la fermentation, voilà qui témoigne en faveur de vérités validées par la science depuis.

C'est dans cette configuration que Lucrèce peut affirmer que « rien ne naît jamais de rien à l'arbitre des dieux» (I.150) car tout naît toujours des mouvements perpétuels des atomes dans un même ensemble qui s'avère un tout atomique cohérent. La vie et la mort sont donc variations sur un même thème, celui du vivant – qui meurt.

Lucrèce l'affirme : même les pierres naissent, vivent et meurent. Et la géologie contemporaine pourrait souscrire, sinon à la formule, à la formulation ou aux mots, du moins à l'idée : ce qui fut lave en fusion devient un jour roc avant de s'effriter pendant des siècles pour donner naissance à du sable. Ce trajet qui concerne les minéraux intéresse également les végétaux, les animaux et les humains, mais aussi les astres, le monde, les mondes, la pluralité des mondes, les univers. Du volcan à la poudre de micas qu'ils deviennent pendant des millions d'années d'entropie, le destin est le même que du sperme au ver nécrophage, du berceau au tombeau. Le squelette est en l'homme comme la promesse ici et maintenant de ce qu'il sera un jour. La mort n'est pas à venir, avenir, elle est là, ici et maintenant. Les scientifiques contemporains parlent d'apoptose pour qualifier cette sculpture du vivant par la mort.

« Rien donc, rien pour nous n'est la mort !
Rien ne nous émeut d'elle,
Dès qu'on a compris que notre âme est
mortelle. »

(III.830-831)

Car la mort n'est pensable et concevable que par l'âme qu'elle détruit en décomposant les agencements qui la font. Si ce qui permet de voir, de souffrir, de connaître la peur et l'angoisse ne fonctionne plus, alors il n'y a plus rien à voir, rien à souffrir, rien à connaître, ni peur ni angoisse à expérimenter. La mort n'est rien, juste une idée qui ne doit pas nous encombrer l'esprit tant que nous sommes vivants. Épicure l'avait dit : si je suis là, elle n'y est pas encore, c'est que je suis vivant ; si elle est là, je n'y suis plus, car je suis mort, mais rien en moi qui ait défuncté ne me permet de savoir que je le suis ! La mort, c'est la déliaison du corps et de l'âme, donc la fin de l'esprit.

Cette mort n'est pas la fin de tout mais le début d'autre chose, elle ne nous abolit pas, elle nous transforme, elle ne nous raye pas d'un trait de plume, elle nous écrit une autre histoire. Lucrèce affirme ainsi que :

« [...] Tous ces corps dont à présent nous sommes façonnés
Ont été maintes fois en même ordre entre eux combinés. »

(III.857-858)

Autrement dit, la mort est un moment dans la vie qui est faite de mouvements cycliques qui se répètent. Elle n'est donc pas une fin mais une propédeutique à autre chose dans laquelle nos atomes ont encore un rôle à jouer. Pas question de subodorer un éternel retour des choses sur le principe de la répétition du même selon le principe nietzschéen, Lucrèce ne va pas jusque-là. Mais, s'il enseigne la temporalité des agencements atomiques, il expose aussi l'éternité et l'immortalité des composants de ces agencements.

Non sans paradoxe, il écrit :

« Le temps ainsi n'est point : des Corps seuls c'est la conséquence
Si de ce qui s'est accompli nous avons conscience,
Comme de l'instant qui passe, et d'une suite à venir,
Car nul ne sent le temps en soi, force est d'en convenir,

Hormis lorsque d'un Corps s'émeut la paisible inertie.»

(I.462)

Il n'existe donc pas de temps en soi, une pierre dans le jardin de Platon, mais, relativement au mouvement et à l'immobilité qui nous permettent de concevoir un avant, un pendant et un après. Si nous sommes dans le temps, ça n'est pas dans autre chose, selon l'image héraclitéenne, que l'écoulement du fleuve – dans le flux. Tout naît, vit, croît, décroît, meurt et disparaît. Du moins : tout agencement naît, vit, croît, décroît, meurt et disparaît.

«Tout se dénature au monde à mesure du passage;
Un état nouveau doit remplacer sans cesse l'ancien;
Rien ne reste semblable à soi, tout se métamorphose,
Tout évolue, et nature à changer contraint chaque chose.
Tel, sous le poids des ans recru, pourrit et n'est plus rien,
Tel en naissant le remplace et de la nuit se dégage,

Ainsi le monde entier change de nature avec l'âge,
La Terre, pour un autre, abandonne l'état ancien :
Plus n'est chose qu'on put, et chose qu'on ne put advient.»

(V.828-836)

Dans cet état de flux permanent, l'avant, le pendant et l'après sont d'une même nature. Ce qui est fut, ce qui fut sera, ce qui sera a été, ce qui a été sera et fut... De sorte que le néant dont nous provenons n'est pas plus à craindre que celui vers lequel nous allons. Nous vivons entre deux néants d'une même texture ontologique.

Or, personne ne craint le néant d'où il vient et n'en a aucun souvenir. Le néant vers lequel nous nous dirigeons n'est pas plus problématique que cela. Ne pas être, être, n'être plus, avoir été sont variations sur un même thème. Les atomes du temps du non-être, ceux de l'être et ceux de l'après-être, eux, durent. Seuls les agencements ont péri. Nous ne sommes mortels que par nos combinaisons atomiques alors que nous sommes immortels par notre être atomique.

«[…] le temps cueillit-il notre matière, d'âge en âge,
Pour lui rendre après notre mort notre présent visage,
Dussions-nous même revoir la lumière du jour,
Rien ne pourrait encore ébranler l'âme à ce retour,
Puisque se fût alors rompu le fil de la mémoire.
À présent peu nous chaut ce que nous fûmes dans l'Histoire :
Les tourments passés sont éteints dans nos moi de jadis !
Si, se retournant vers la mer des siècles engloutis,
L'on pût voir combien mobile et muable est la matière
En ses maints renouveaux, l'on eût la conviction entière
Que tous ces corps dont à présent nous sommes façonnés
Ont été maintes fois en même ordre entre eux combinés
Qu'en ce bel aujourd'hui, chose dont nous, n'avons mémoire,

Car la vie entre deux a dû rompre sa trajectoire,
Et ses mouvements loin des sens çà et là sont allés.
Et, supposé que demain l'on eût deuils ou maux à craindre,
Encor fallût-il vivre au temps qu'ils nous dussent atteindre !
La mort en exclut le péril, qui force à n'être point
Celui qui d'un mal futur craignant de se voir époint !
Craindre la mort, aussi notre âme en rien ne le doit-elle :
Qui ne vit plus ne peut se voir au malheur entraîné,
Et combien peu compte alors qu'en un âge l'on soit né,
Quand tout l'être mortel s'abîme en la mort immortelle. »

(III.847-869)

Craindre ce qui peut advenir après la mort, c'est s'imaginer toujours vivant près de son propre cadavre, le regardant, le contemplant, déplorant son visage de cire et la raideur de ses membres glacés. C'est envisager pour lui les enfers ou la transmigration des âmes, c'est se voir au paradis, se croire dans le séjour des dieux ! Mais c'est folie de vouloir se penser mort tout en étant vivant ! On ne le peut jamais. Le mort ne saisit pas le vif, car il ne saurait plus rien saisir, ne disposant plus des organes qui le lui permettaient, seul le vif peut saisir le vivant et le mort.

Finalement, la mort est moins le problème que la vie : qu'en faire ? Comment la vivre en attendant un jour de n'être plus sous la forme qui est la nôtre entre deux néants ? La vie et la mort sont avers et revers d'une même pièce. L'hédonisme d'un côté, le tragique de l'autre, l'enfant qui naît ici, le vieillard qu'on enterre là. Nous enfant un jour avant de devenir vieillard à notre tour.

Il faut mourir ? Alors vivons. Un jour nous ne serons plus ? Soyons donc pleinement ici et maintenant ! Ce corps qui est le nôtre est-il un agencement particulier d'atomes qui ne durera pas ? Qu'on en obtienne le meilleur rapport dans le meilleur usage !

Car c'est la crainte de la mort qui nous fait vouloir toute une série de choses stupides : on veut avoir au lieu d'être ; on court après l'argent, on accumule les biens et les richesses, les objets, les maisons ; on convoite les honneurs, les titres de gloire, la puissance, le pouvoir. Or, tous ces désirs vains qui procurent des plaisirs faux génèrent des crimes sans fins.

Lucrèce fournit la généalogie des désirs non naturels et nécessaires : la crainte de la mort – jusqu'à preuve du contraire, on ne trouve pas cette idée chez Épicure. De sorte que lutter contre la peur de la mort, c'est tarir à la source cette volonté de la conjurer par des pratiques compulsives. Le riche propriétaire de villas, le milliardaire en sesterces, le collectionneur de statues grecques, le sénateur, le consul, le propréteur, l'empereur même sont-ils plus heureux que Dentatus, le tribun de la plèbe qui reçut tous les honneurs de Rome mais vivait dans une petite maison simple et sobre, mangeait une soupe dans une écuelle en bois auprès de son feu et refusait les coffres d'or que lui proposaient les ambassadeurs samnites ?

Cicéron, qui était le voisin de Dentatus et qui, lui, malgré l'interdition déontologique professionnelle de l'époque de se faire payer, avait fait fortune en prenant d'incroyables émoluments pour son métier d'avocat, collectionnait les propriétés, les esclaves, les objets précieux – dont une table en bois de citron qui coûtait une fortune –, les œuvres d'art grecques, les honneurs, la compagnie des puissants, dont César, Cicéron, donc, était loin de la sagesse dont il fit l'éloge dans les ***Tusculanes***...

Écoutons Lucrèce faisant celui de la sobriété, de la simplicité, de la frugalité et, pour une rare fois, de l'amitié :

> «Quand du moins, entre amis, allongé sur de frais gazons,
> Au bord d'une eau qui court, l'on peut, sous les larges ombrages,
> Du corps, à plaisir et sans frais, réparer les dommages,
> Quand le temps sourit, surtout, et que l'on voit la saison
> De ses fleurs ressemer l'herbe à la reverdie !
> La fièvre connaîtrait-elle une plus prompte accalmie
> Sous des brocarts épais, et dans la pourpre aux fiers éclats
> Que lorsque l'on dort enveloppé dans de vulgaires draps ?»
>
> (II.29-36)

Sur ce frais gazon, il y eut de la vie qui n'est plus, cette vie qui s'y trouve ne sera plus elle non plus, un jour, mais il accueillera à nouveau de nouvelles vies, d'autres vies, avant que celles-ci ne disparaissent elles aussi – *c'est la vie…*

Mais la mort ne pourra empêcher que ce qui fut ait été. Elle prend ce qu'elle peut, mais elle ne peut pas tout : ainsi, elle est incapable de faire que ce qui fut n'ait pas été. Les hommes, eux, peuvent plus et mieux que la mort : en faisant mauvais usage de leur vie, faire de telle sorte que leur vie soit ratée. Ils font alors que ce qui fut n'a pas été vraiment… Les dieux n'y sont pour rien, les humains pour tout. Le mauvais usage de sa vie dans la vie, voilà la seule mort à craindre. Mourir un jour alors qu'on est déjà mort, voilà la faute majeure.

Vivre selon Lucrèce prémunit de ce péril. Il n'y en a pas d'autre. Il faut mourir vivant.

8

Une théorie de la civilisation

Lucrèce se distingue également d'Épicure – du moins si l'on en juge par les seuls textes qui nous restent de lui, car il se peut que, dans ses trois cents livres, il ait abordé la question – en proposant une théorie de la civilisation. C'est en même temps une philosophie de l'histoire. Elle présente un développement faussement linéaire des progrès de l'esprit humain, de l'ingéniosité des hommes, de leurs découvertes et de leurs inventions, mais qui s'avère vraiment cyclique puisque ce progrès va vers son anéantissement avant renaissance. On intègre rarement cette pensée-là dans l'histoire des civilisations, c'est fort dommage…

Ce qui est procède de composés qui, avec le temps, se décomposent. Dès lors, la Terre, le monde, les univers qui sont composés se décomposeront fatalement eux aussi un jour :

«D'abord, si la Terre poudreuse, et les liqueurs de l'Onde,
L'Air aux souffles légers, le Feu qu'on sent tout tiédir,
Dont l'union a formé tout ce qu'on voit au monde,
Sont formés de corps sujets à naître comme à mourir,
Leur Somme, tout comme eux, doit naître et, non moins qu'eux, périr.
Oui, ce dont la structure et les parties constitutives
Sont faites de corps mortels et de figures natives
Ne peut bien sûr former qu'un tout et natif et mortel.
Aussi lorsque je vois notre monde être tel,
Et ses parts et membres géants et périr et renaître,
Je ne doute alors plus qu'un jour Terre et Ciel aient dû naître,
Ni qu'ils succomberont forcément à leur tour :

Ne crois pas que je me complaise à tout peindre en mon jour
Quand je tiens Terre et Feu pour natures mortelles,
Ou dis que l'Air et l'Eau ne sont pas choses éternelles,
Mais que ces corps vont périr et renaître tour à tour :
La Terre d'abord : une part s'en consume sans trêve
Aux soleils incessants ; la tourbe des pas la soulève
En nue ; elle poudroie ; et, tel un nuage mouvant,
Se dissipe, emportée aux haleines vives du vent ;
Quand, sous la pluie, une autre part ravine à pleins verseaux,
Dont, en rasant leurs bords, tout emporteront les ruisseaux ;
Tout ce qui de la Terre est né lui retourne ainsi, dissoute,
Sa quote-part : la terre, on le voit, qui de tout, sans doute,
Paraît comme la mère et de tout le commun tombeau,

Tour à tour s'épuise et recroît de ses propres ressources. »

(V.235-260)

Même chose pour l'eau, même chose pour l'air, même chose pour la pierre, même chose pour le soleil, même chose pour les astres, même chose pour la Lune, autant de sujets sur lesquels le calame du poète fait merveille… Les tours s'effondrent, les temples tombent en ruine, les statues se délitent, mais tout ce qui meurt renaît. Ce qui pourrait passer pour un bien, tout progresse et va vers le meilleur, ou pour un mal, mais tout cela meurt, s'avère en fait tragique, c'est-à-dire ni occasion d'optimisme, le meilleur n'est pas partout, ni occasion de pessimisme, le pire n'est pas partout, mais, sans surprise, le réel est ce qu'il est : ce qui naît, croît, brille à son firmament, décroît, chute, tombe et meurt, puis entame un nouveau cycle dans lequel tout ce qui naît à nouveau, croît, brille à son firmament, décroît, chute, tombe et meurt à son tour, et *da capo*, puis *da capo*…

Lucrèce brosse un tableau des progrès qui, séparé du moment qui suit l'anéantissement de ces perfectionnements, générera la théorie progressiste selon laquelle le progrès est infini et ne se termine jamais par aucune négation, aucun revers.

Le progressisme est une théorie de demi-sachants... Certes, l'enfant qui naît va vers sa pleine puissance cependant, dans sa maturité, il entame un progrès, là aussi, là encore, mais un progrès vers la vieillesse qui débouche sur la sénescence, l'agonie et la mort, l'effacement de lui-même.

Le progressiste adhère à une philosophie de l'histoire hémiplégique : il lui manque l'autre moitié qui donne son sens à la première ! Il écrit sa fiction sur une ligne droite, celle du temps judéo-chrétien, en orientant sa flèche vers le haut, le ciel des idées platonicien devenu séjour de Dieu pour les chrétiens, en estimant que ce trait ascendant atteindra, sur le principe de la parousie catholique, un état bienheureux assimilable au paradis ! Le progressisme est un christianisme pour demeurés.

Lucrèce décrit les mouvements du progrès : ils conduisent paradoxalement vers leur anéantissement. La *ligne* chrétienne, la flèche catholique sont à venir, pour l'heure, le *cercle* triomphe en paradigme de la dynamique du temps. ***La Naissance des choses*** propose une dialectique, sinon une philosophie de l'histoire dialectique : une affirmation, une négation suivie d'une nouvelle affirmation, et ce à l'infini. Création, destruction, recréation, voilà le trajet de tout ce qui vit : du plus petit insecte aux astres qui dansent dans les étendues infinies.

Le monde a donc eu un commencement, car tout ce qui est naît un jour. Et l'on sait désormais que le clinamen s'avère la causalité des causalités, le premier moteur, la cause causée par elle-même du fait même de la dynamique de la physique atomique – le branle crée intrinsèquement l'écart qui permet le premier agrégat maître des autres agrégations. L'être est vibration, la vibration génère la déclinaison, la déclinaison produit la création, la création se déplie et se déploie comme une fleur avec la rosée et le soleil du petit matin. Mais cette même fleur va se flétrir, faner, mourir. Avant qu'une autre la remplace... Or, une civilisation obéit aux mêmes lois entropiques de la matière.

Le monde n'est pas parfait, il n'a pas été créé par des dieux pour les hommes mais par la nature pour la nature. Il suffit pour s'en convaincre de convoquer les catastrophes naturelles qui n'ont point besoin des prétextes du réchauffement climatique anthropique pour exister : le gel empêche les germinations, la canicule brûle les blés, les pluies ravagent les cultures, le vent verse les avoines, la foudre abat les hommes et le bétail, elle allume des incendies dans de pauvres maisons de paysans tout autant que dans les riches demeures des dieux. Sans parler des tremblements de terre, des éruptions volcaniques – Lucrèce parle des feux rougeoyants et de la lave de l'Etna –, des raz-de-marée, il entretient aussi de la disparition de l'Atlantide sous la mer. Par ailleurs, la Terre est remplie d'animaux dangereux et méchants, venimeux et mortels. Des enfants meurent au berceau. La mer emporte des naufragés. La nature n'est pas bonne fille, Lucrèce n'en a pas une lecture romantique, ou, disons-le dans un terme contemporain, écologique comme on l'est dans les villes. Il sait vraiment ce qu'elle est : une puissance active au-delà du bien et du mal.

Lucrèce propose sa Genèse, on ne s'étonnera pas qu'elle soit atomique ! Certes, les atomes et le clinamen, certes, les agencements de particules, mais aussi un tâtonnement de formes parmi lesquelles les plus adéquates, les mieux adaptées survivent. C'est à l'époque « une orageuse nue à peine encore amassée » (V.436), un genre de bouillonnement primitif, une potentialité vitaliste dont va sortir l'étendue, l'espace après une multiplicité d'essais de formes possibles : errances, tâtonnements, essais, échecs, nouvelles errances, nouveaux tâtonnements, nouveaux essais, nouveaux échecs avant que subsiste une forme viable. Lucrèce ne démérite pas en offrant ce récit qui n'a rien de mythologique et tout d'une poétique de la matière, dans laquelle les intuitions du philosophe ne sont pas sans faire songer au transformisme, à l'évolutionnisme, à la théorie de la soupe primitive et du big-bang. Il eut été plus facile, comme Platon dans son ***Timée***, d'invoquer de façon performative un démiurge fabriquant à sa main un monde qui ressemble comme deux gouttes d'eau au nôtre !

Avant le Soleil et la lumière, dans les ténèbres d'un chaos, avant le ciel, la Terre et les astres, des atomes perdus dans leurs mouvements inchoatiques, faute d'une harmonie préétablie, constituent une masse dont surgit l'ordre : la terre se sépare du ciel, la mer de l'éther et du feu. La cristallisation des atomes les plus lourds agglomère les particules semblables et homogènes pendant que les autres se retrouvent d'un autre côté en cohérence et en congruence pour former des matières adéquates sous la forme d'autres parties semblables. Le monde entre alors dans ses limites connues de nous. Constitués par des atomes plus lisses, la mer, les astres, le Soleil, la Lune naissent ainsi ; la Terre quant à elle, épaissie par ses atomes plus lourds et épais, voit le jour de façon séparée. L'éther, dont les atomes sont d'une incroyable volatilité, constitue en se constituant.

Voici comment cela s'est fait :

« Ce fut l'Éther qui le premier jaillit en s'élevant,
Étoilé de feux, plein des corps vaporeux de la flamme,
Il offrait ce tableau qu'à l'aube on admire souvent
Lorsque l'Astre du jour à ses rayons de pourpre et d'or
Dans l'herbe où perle la rosée imprime un frais essor :
Les lacs, les fleuves éternels lors exhalent leur brume
Et l'on croirait voir, au loin, la Terre même qui fume ;
Quand ces vapeurs là-haut tissent leur voile habituel
Leur tissu s'épaissit et nous dérobe en bas le ciel ;
Et c'est ainsi qu'alors l'Éther, léger et diffusible,
Et que, diffusant au loin, à la ronde, et de toutes parts,
Il embrassa la sphère entière de ses jaloux remparts. »

(IV.458-470)

Lucrèce continue d'expliquer la naissance de la Lune, du Soleil, de la Terre, de la mer, du mouvement des astres, de l'équilibre de la Terre, la grandeur du Soleil, la chaleur du jour, l'alternance du jour et de la nuit, les phases de la Lune, les éclipses, les saisons, la *naissance des choses* donc, en recourant aux principes de la physique épicurienne : nul recours à Dieu ou aux dieux, aucun démiurge en relation avec l'Un-Bien, pas de participation aux Idées ou à des Formes pures, sûrement pas un Dieu tout-puissant créateur de tout à partir de rien, du moins de son vouloir, comme dans la mythologie juive. Chez Lucrèce, il n'y a que jeux de particules, forces atomiques, puissances dynamiques, causalités physiques, enchaînements architectoniques en relation avec la nature des atomes. Là où triomphe la rationalité scientifique, les récits mythologiques reculent.

Mais quand et comment apparaît le vivant ?

Là aussi, là encore, comme avec les formes les plus simples, la nature crée dans le désordre. La vie surgit de la terre où s'enracinent l'herbe, les arbustes, les arbres. Après que les pluies ont détrempé le sol, le soleil cuit cette eau croupissante. La fermentation génère le vivant, en l'occurrence des oiseaux dont Lucrèce nous dit qu'ils sortent de leurs œufs sans se demander qui les a pondus ! Génération spontanée, toujours… De la même manière qu'un atome, plus un atome, plus un atome créent un agencement, un agencement, plus un agencement, plus un agencement créent le vivant. Cette chaîne vitaliste va du plus primitif au plus élaboré.

Parfois, elle produit des monstres, des erreurs, des ratages. Lucrèce en profite pour expliquer longuement l'impossibilité rationnelle des centaures. Au passage, il ajoute une pierre à celles qui se trouvent déjà dans le jardin de Platon : d'un point de vue de la nature et de la raison, de la physique et des atomes, les androgynes sont une ineptie ! Ces essais préparent l'œuvre, sinon le chef-d'œuvre.

Voici venu, en effet, le temps de la naissance des hommes…

> « Apparurent alors les premières races vivantes.
>
> La chaleur et l'eau dans les champs étaient exubérantes.
>
> Il poussait, chaque fois que l'endroit s'y prêtait,
>
> Des utérus, qu'une racine à la Terre attachait.

Les fœtus ouvraient leur sac quand la saison était mûre
Pour quitter l'amnios et vivre au vent leur libre aventure.
Nature vers eux détournait les terrestres canaux
Et forçait à couler à veines ouvertes leurs eaux,
Semblables à du lait, comme encore aujourd'hui la femme,
Après l'enfantement, de blanche et douce humeur s'emplit,
Car au lait tout ce qu'elle absorbe en son sein s'amalgame.
La terre était leur pis, l'été leur laine, l'herbe un lit,
Tant sa toison s'offrait aux nouveau-nés épaisse et molle.»

(V.805-817)

Ici le poète prend le dessus sur le philosophe, car on peut imaginer la fermentation d'utérus racinaires arrimés à la terre boueuse quand on ne dispose d'aucune autre hypothèse, mais le fœtus qui vit à l'air libre après avoir choisi de quitter son œuf sans autres parents que la nature qui le nourrit d'eau plate, voilà qui dépasse l'entendement empirique

– et la physique épicurienne... Même sans jamais avoir été père de famille Lucrèce eut pu induire autre chose et autrement...

Voici son histoire.

Lucrèce ne souscrit pas aux fables platoniciennes d'un âge d'or – ce seront plus tard celles des rousseauistes, des robespierristes et de leurs descendants progressistes... La vie des premiers hommes est rude, sévère, austère. Le milieu hostile a produit des humains bien charpentés, capables de résister à la rudesse des climats, à des aliments inappropriés, aux attaques des maladies. Les hommes sont regroupés en hordes primitives, ils sont nomades, ils chassent et pêchent car ils ignorent encore l'agriculture et l'élevage. La nature, abondante, généreuse et prolifique, suffit à les nourrir. Assez d'eau et assez de fruits pour apaiser la soif et la faim, ces fameux désirs naturels et nécessaires chez Épicure ! Ils sont alors nus, ignorent les vêtements et le feu.

Les hommes n'ont pas encore inventé les maisons avec leurs toits de branchages. Mais ils savent dans la forêt trouver de quoi s'abriter des intempéries. Ils se montrent également capables, dans les grottes ou les anfractuosités, de se protéger des lions ou des sangliers qui reluquent leurs carcasses

– parfois avec succès dans l'entreprise de les dévorer…

Les hommes possèdent les femmes par conviction, promesses de nourriture ou violence. Les accouplements s'effectuent sous les branchages. Des arbouses, des glands ou des poires, voilà avec quoi les mâles achètent les femelles – les cadeaux ont peu ou prou changé, l'arbouse est devenue voiture ou bateau, le gland maison ou appartement, la poire bijoux ou mariage, mais d'aucuns et d'aucunes n'ont guère évolué depuis…

Plus tard, des couples faits d'un homme et d'une femme vivent sous un même toit. L'un et l'autre, vêtus de peaux de bêtes, élèvent leurs enfants autour d'un feu – devenant foyer. Lucrèce y voit l'effet d'un adoucissement. Le feu diminue la vigueur naturelle, il fragilise les hommes qui deviennent plus sensibles aux mignardises de leurs enfants. Où l'on voit que, chez Lucrèce, chaque progrès s'accompagne d'un régrès : certes, le feu rend la vie plus douce, mais la vie plus douce rend les hommes moins forts, plus accessibles aux sensibleries. L'optimiste est toujours chez lui tempéré par le pessimiste qui équilibre le penseur et le philosophe dans sa lecture tragique du monde : il voit ce qui est, et, souvent, le réel est cruel. Souvent, sinon toujours…

C'est dans ce moment émollient, ce qui n'est pas une bonne chose, on s'en doute, que naît l'amitié, quand les hommes deviennent frileux, fragiles, sensibles...

> «L'amitié commença de nouer ses liens,
> Désireux de s'épargner, ils devinrent bons voisins,
> S'engagèrent à protéger les enfants et les femmes [...].»
>
> (V.1019-1021)

On imagine que la virilité de Lucrèce eût fait mauvais ménage avec ce qu'il convient de nommer aujourd'hui la «fête des voisins»! La pitié accompagne le lénifiant.

S'il existe bel et bien un progrès, il va sans barguigner de pair avec un régrès : l'avers de la pièce brillante appelle le revers terni et sale. Moins les hommes sont forts et puissants, virils et rudes, plus ils développent des stratégies de pitié – dont l'amitié...

Qu'en aurait pensé Épicure ?

Ce nietzschéisme avant l'heure tourne le dos à la mollesse grecque à la mode chez les puissants du moment. On devine chez le philosophe de Rome une fidélité aux premiers temps de la Ville éternelle qui va bientôt devenir impériale au détriment de son cœur républicain. Par-delà les siècles, Lucrèce est un compagnon de route de Caton l'Ancien, sûrement pas de Pétrone qui écrit son ***Satyricon*** au siècle suivant.

Mais Lucrèce, qui constate que la chute de la rudesse virile s'accompagne de la montée d'une pitié privée, avoue que l'amitié est un moteur de la civilisation – Darwin puis Kropotkine, eux aussi, pensent que ce qu'ils nomment l'*entraide,* et qui est ici amitié, agit comme un facteur d'évolution.

Jusqu'alors, prenons-y garde, les hommes ne parlent pas ! Ils ont inventé le couple, le feu, le foyer, les vêtements, les huttes, la horde, l'amitié, mais tout ça sans se parler, en grognant peut-être, en couinant ou en se faisant des signes… On songe que certains, qui n'ont pourtant pas inventé l'eau chaude, en sont eux aussi restés là.

Comment naît le langage ? Sûrement pas parce que quelqu'un l'invente un jour *ex nihilo*. C'est sottise – même si c'est la thèse du ***Cratyle*** de Platon…

Lucrèce, fidèle à sa méthode empirique, examine le cas des animaux : un chien n'aboie pas de la même manière suivant qu'il a peur, qu'il avertit ses petits, qu'il les appelle, inquiet de ne pas les voir, qu'il leur signale un danger ou qu'il hurle à la mort seul à la maison, abandonné par son maître. Même chose avec les chevaux ou les oiseaux. À chaque émotion correspond un son : leçon expérimentale. Les humains ont donc associé ce que l'on nommera plus tard un *signifiant* et un *signifié*, chez Ferdinand de Saussure en l'occurrence au XXe siècle, une chose et les mots pour le dire.

L'invention du feu fut plus simple : la foudre l'a apporté sur terre, les hommes l'ont ensuite conservé. Ce peut être aussi le frottement de branches quand le vent secoue les arbres par temps de tempête. La cuisson des aliments s'en est trouvée induite après que les hommes eurent saisi que la chaleur du soleil cuisait à sa manière les fruits et les viandes.

La famille, la horde, le vêtement, l'habitat, l'amitié, la pitié, l'entraide, le langage, le feu, la cuisson : les hommes s'organisent. Ils passent à la vitesse supérieure avec la création de la royauté, de la propriété et de la richesse. Ces inventions distinguent ceux qui, par sagesse ou par intelligence, obtiennent l'ascendant sur autrui. Tous ceux qui sont faits de cet acier-là deviennent rois. Ils fondent des villes et, de la sorte, travaillent au recul de la sagesse empirique des paysans au profit d'une règle du jeu urbaine.

Les rois bâtissent donc les villes fortifiées pour s'y protéger ; ils procèdent aux partages des terres et des troupeaux en fonction de la beauté, des forces et du talent. L'or détrône ensuite ces vertus-là. Les ralliements ne se font plus autour des forts mais des riches. Avec les richesses, l'envie prend de l'importance : les hommes se mettent à désirer plus de richesses, les honneurs, le pouvoir. La vérité les conduit moins que l'opinion. La sagesse commence à quitter les hommes, car elle consiste à vivre de façon frugale et simple.

L'envie mène au crime. Ainsi, d'aucuns tuent les rois. De l'anarchie dans laquelle les régicides plongent la société, de la violence de tous contre tous, de la revendication du pouvoir par la lie du peuple, de ce chaos donc naît le désir du droit, de la loi et des contrats.

Lucrèce, et les épicuriens avec lui, fondent le contrat social. Quelques fragments d'Épicure témoignent en ce sens. On ne fait pas généalogie moins immanente et matérialiste : la souveraineté ne procède pas de Dieu ou des dieux, elle ne tombe pas du ciel, elle ne découle pas d'une transcendance, elle s'avère règle du jeu ici et maintenant, élaborée par les hommes pour les hommes. L'épicurisme laïcise la politique. Loin de toute tentation théocratique, il rend possible ce qui, avec les siècles, deviendra république puis démocratie. Sur le papier, la philosophie politique du Jardin rend impossible le césaropapisme sur lequel plus de mille ans de christianisme vont se construire.

Le contrat donne force à la loi, de sorte que toute exaction se trouve légitimement punie par des magistrats dans un tribunal, et que la crainte du châtiment conduit les hommes à préférer le bien au mal. On ne naît pas moral, on le devient, et on ne le devient pas par moralité mais par crainte de devoir payer un forfait que pour cette raison on évite de commettre.

C'est à ce moment-là de l'évolution de la civilisation, bien après la horde et le feu, la ville et le langage, la propriété et la royauté, le régicide et le contrat que Lucrèce place la naissance de la religion. On constate que la politique n'a donc rien à voir avec elle. L'épicurisme est bel et bien l'antidote à la théocratie et la voie royale qui mène à la république – qui est souci terrestre de la chose publique sans préoccupation céleste.

On a déjà vu comment Lucrèce réglait ce problème. C'est donc la crainte et la peur de ce qu'ils ne comprennent pas qui conduisent les hommes à s'inventer des divinités. De ce qu'ils étaient faibles, mortels, misérables, ignorants, fatigués, les hommes ont créé des dieux forts, immortels, heureux, omniscients, puissants. Instruits du mouvement réglé des astres et de l'architectonique céleste, ils logent les dieux dans le ciel où pourtant ne se meuvent que des bolides célestes. Ils inventent la prière pour apaiser les divinités et leur demander l'aide qui leur fait défaut sur terre.

Une fois les dieux créés, les hommes se penchent sur les métaux après avoir vu – toujours la méthode empirique – que les feux de forêt, après les brûlis des paysans, les incendies allumés par la foudre, les ravages d'une guerre menée contre une tribu, avaient fondu de quoi façonner du plomb, de l'or, de l'argent, du cuivre, de l'airain, du fer. De cette observation naît la métallurgie qui permet aux forgerons de créer des armes et des outils. La guerre et l'agriculture, bien sûr, s'en trouvent révolutionnées. L'art de la guerre, qui est art de faire des morts, se perfectionne. Toujours le mal issu d'un bien…

Les progrès continuent.

Le métier à tisser, avec ses navettes et ses fuseaux métalliques, permet de réaliser des vêtements plus fins, mieux adaptés aux travaux et aux jours. L'agriculture se perfectionne : greffer, marcotter, permet de sélectionner les fruits et les légumes afin de les rendre plus comestibles. Les champs se couvrent d'oliviers.

La civilisation s'affine et, avec elle, les plaisirs de l'existence : comme toujours, la nature donne l'exemple. Le chant des oiseaux conduit les hommes à chanter, bien sûr, mais également à fabriquer des instruments de musique. Les repas champêtres dans la nature avec les amis apportent de la douceur de vivre à ces existences laborieuses.

Mais à quoi bon le luxe associé à ces raffinements ? À quoi conduisent ces perpétuels progrès si ce n'est… à la déception ?

Car les hommes qui furent nus se sont habillés avec des peaux de bêtes qui les protégeaient du vent, du froid, de la pluie. Les voilà désormais qui portent des vêtements précieux teints avec des jus rares, celui de la pourpre par exemple, un coquillage rare donc cher, dont les toiles sont agrémentées d'or de broderies. À quoi bon quand un simple drap suffit à nous couvrir ?

> « Oui, pour rien l'homme ainsi s'épuise et se travaille en vain ;
> Sa vie en l'absurde Souci se consume sans fin.
> Quoi d'étonnant ? Il ne sait de borne à son avarice,
> Ni le point jusqu'auquel il faut qu'un vrai plaisir grandisse !

Peu à peu son aveuglement l'entraîne en haute mer,
Et de la guerre, au plus profond, brasse le trouble amer.»

(V.1430-1435)

Mais tout cela s'effondre, part, s'en va, s'enfuit, rien ne demeure. À quoi bon perdre son temps à tant d'inutilités puisque l'on connaît les principes du bonheur qui sont la frugalité, la simplicité, la rusticité, la sobriété, l'austérité et qu'on trouvait tout ça à foison aux débuts de l'humanité ? Lucrèce en appelle aux autres peuples, aux autres cultures, aux autres civilisations, qui furent prospères et qui ont disparu à l'heure où il écrit.

Voici les hommes parvenus au sommet de ces progrès. Que va-t-il se passer maintenant ?

Lucrèce enseigne ailleurs dans ***La Naissance de choses*** que la nature est fatiguée :

«Le monde est déjà recru d'âge. Et lasse d'enfanter,
La terre à peine peut de chétives bêtes porter,
Elle qui de son sein a pu tant d'espèces répandre,

Et dont les flancs jadis ont aux Géants permis l'essor.
Car, les mortels n'ont pu, que je sache, descendre
Depuis les cieux dans nos sillons le long d'un câble d'or,
Non plus qu'un roc battu des flots n'est enfant de l'écume !
Non, ce qu'elle nourrit, de son sein la Terre l'exhume.
Et ce sein aux mortels, en son premier effort,
Donna des blés vermeils et des vignes épanouies,
Des fruits gorgés de sucre et de grasses prairies,
Qui de nos jours ont peine à venir, malgré notre apport :
Nous épuisons les bœufs, les manants ruinent leurs vies,
La glèbe use les socs, et les champs ne rendent qu'à peine,
Tant ils sont avares du fruit et gourmand du labeur.
Cent fois déjà, hochant le nez, geint le vieux laboureur :
"À quoi bon se mettre en eau pour une terre aussi vaine ?"

Et, voyant combien aujourd'hui d'hier peut varier,
Au bonheur de son père il se prend à rêver ;
Le vigneron maussade en sa vigne vieille et flétrie,
Blâme le présent et du siècle accable le génie :
"Jadis, nos vieux, gémit-il, avec leur belle piété,
Sur leur petit domaine aisément soutenaient leur vie ;
Moindre était pourtant le lot dont chacun était doté ! "
C'est qu'il ne voit pas que tout, brin à brin, se décompose,
Et qu'au trou, lasse et lourde d'ans, roule enfin toute chose. »

(II.1150-1174)

Le philosophe-artiste nous avait prévenus : ce monde-là va mourir lui aussi... S'il donne des signes de faiblesse, c'est qu'il se trouve déjà sur la pente descendante. Il progresse... vers sa mort.

Ce qui attend les hommes est connu :

« Qu'un jour, comme s'envole un feu, les remparts de ce monde

Soudain s'évanouiront dans le gouffre immensité,
Et tout alors suivra, par le même souffle emporté :
Les temples du ciel crouleront où le tonnerre gronde,
La terre tout à coup se dérobera sous les pas,
La nature et le ciel, de leurs décombres en fatras,
Libéreront tous leurs corps ; la terre au fond de l'abîme
Courra se perdre, et sur l'instant plus rien de sa ruine,
Hors le Vide et les corps partout épars, ne restera !
Où qu'on veuille imaginer que d'abord leur tourbe sorte,
Là, pour l'univers la mort ouvrira grande sa porte,
Là, toute la matière en tourbillons essaimera... »

(I.1102-1113)

Tout va périr, mais, sachons-le aussi : tout renaîtra et nos atomes en seront...

9

Les hommes malades de la peste

De la nature des choses se termine… sur un inachèvement ! Le dernier vers est abrupt comme un départ précipité sans salutations. On imagine mal ces manières-là dans un immense poème qui pouvait sans problème ajouter une poignée de vers à ce monument esthétique. Mais c'est bien plutôt le défaut de conclusion philosophique, formelle, disons-le ainsi, qui étonne.

En effet : eu égard à l'ouverture classique avec dédicace à Memmius, annonce du sujet, placement du projet sous le signe de Vénus, on était en droit d'attendre un congé en bonne et due forme qui s'adresse une fois encore à Memmius, par exemple en espérant l'avoir convaincu, puisque c'était le projet de cet ouvrage (I.950), ou au lecteur en lui apprenant que ce voyage philosophique s'arrêtait bel et bien là. Voire une brassée de fleurs offertes à Vénus pour l'avoir accompagné pendant tout ce voyage philosophique !

Il existe des tenants de l'achèvement de ce poème de cette manière – notre cher Bernard Combeaud, par exemple[1]. Mais bien d'autres tiennent pour l'inachèvement – j'en suis... Les uns expliquent que le décès aurait pu empêcher cette fin. Naturel, dû à la peste, comme si, parce que ***La Naissance des choses*** se termine sur la description de cette épidémie, elle avait vraiment eu lieu et qu'il en était mort. Pareille thèse suppose que le philosophe ait eu si peu d'imagination qu'il lui fallait connaître la peste *in situ* pour pouvoir en parler, alors qu'on sait qu'il versifia avec sous les yeux la description de celle d'Athènes que fit Thucydide dans ***La Guerre du Péloponnèse***.

Sur cette source, d'aucuns ont abondement glosé en rapprochant les deux textes : Lucrèce aurait mal lu et mal compris, donc mal traduit le grec de l'historien, il aurait effectué des contresens, il se serait montré si latin, c'est-à-dire si balourd et si limité devant le génie du grec attique de cette époque, qu'il serait passé à côté de ce qu'il lisait !

1. Voir ses raisons dans sa longue note érudite numéro 194 du livre VI sur ce sujet dans l'édition Mollat, p. 674-678. C'est aussi sa dernière note...

Il ne leur vint pas à l'idée que Lucrèce s'inspirait d'une trame historique pour en obtenir poétiquement matière à image, à allégorie, à métaphore, à parabole ! N'a-t-il pas lui-même souligné la difficulté de passer du grec au latin (I.136-138), disent ces savants – en oubliant qu'il pouvait, ce faisant, plaire au dédicataire de son poème qui, comme tout mondain, souscrivait alors à la mode hellénique qui allait de pair avec la dépréciation du latin ? Flatter le dédicataire est une chose vieille comme les dédicaces.

D'autres gloseurs estiment que Lucrèce se serait volontairement donné la mort afin de joindre le geste fatal à la parole pessimiste. Ceux-là, partant d'une philosophie tragique, concluent à une vie psychique défaillante qui ne pourrait conduire qu'au décès volontaire. Il en va là d'un genre de variation sur le thème de saint Jérôme : il meurt par où il a péché…

Rien n'atteste évidemment que Lucrèce ait connu la peste dont il parle, d'autant qu'à son époque on n'en connaît aucune. Rien ne certifie non plus, bien sûr, que la mort ait interrompu cette œuvre : d'autres raisons, de la maladie à l'abandon pur et simple de l'ouvrage, sinon un renoncement dû à une cause biographique dont on ne saura jamais rien, pourraient expliquer cette fin sans fin.

De cette chute abrupte, certains déduisent ce qu'aurait été la suite parce que dans son poème Lucrèce dit qu'il traitera « avec quelque ampleur » (V.155) la question du séjour des dieux et que ce développement manque à ce qui nous reste. C'est ingénieux, mais rien ne permet de passer de cette hypothèse à une certitude. Seule la découverte d'une version intégrale du poème lors de fouilles, à Herculanum, par exemple, trancherait tout cela...

Si tel était le cas, on pourrait mettre en relation la description de la peste et le séjour des dieux comme un mal présenté avant son remède : une nouvelle variation sur le thème de l'absinthe pesteuse et du miel épicurien mélangés dans la coupe du monde métaphorique consubstantiel au poème. Nous avons là une allégorie magnifique, mais amputée de ce qui lui donnerait son sens : la partie qui aurait concerné la misère de l'homme sans... les dieux d'Épicure !

Venons-en à la peste.

Lucrèce en donne un tableau hyperréaliste. C'est, avec la lettre de Pline le Jeune qui raconte l'éruption du Vésuve, un monument du génie littéraire romain : *ce qui est* se trouve présentifié à égalité avec ce qui fut. Le réel n'y est pas une idée mais une image. Et, en matière d'édification, les

Romains croyaient plus à l'image qu'à l'idée. L'image parle à tous, l'idée à quelques-uns seulement qui deviennent de ce fait idéalistes, c'est-à-dire qui s'éloignent du monde sous prétexte de mieux le saisir et le comprendre. Cette peste est un péplum…

Lucrèce emporte son lecteur dans le ciel zébré d'éclairs ; il est sous les nuages de l'orage quand tombe la foudre ; il entend gronder le tonnerre sous cette même nuée sombre ; il le conduit non loin des trombes, puis sous les arcs-en-ciel ; il le colle les pieds sur terre pour lui faire ressentir les vibrations du tremblement de terre ; il le grimpe au sommet de l'Etna pour assister à ses éruptions ; il le ramène sous la pluie ; il l'étourdit sous la neige, la grêle, les vents ; il le mène sur les bords de mer pour y réfléchir aux niveaux des marées ; il le conduit sur la rive de lacs suffisamment mystérieux pour que les oiseaux qui le survolent se trouvent engloutis ; une autre fois, c'est sur les bords du Nil qu'il mène son lecteur afin de lui expliquer les crues ; de même là où se trouvent des fontaines incendiaires, ou d'autres qui sont froides la nuit et chaudes le jour – chaque fois, il s'agit de proposer une physique de ces événements pour dépasser leur lecture théologique. Redisons-le une fois encore : Dieu ou les dieux ne veulent rien de tout ça, il n'y a qu'atomes et effets d'atomes. Rien d'autre.

Souscrivons à l'hypothèse d'une fin du poème perdue consacrée à la demeure des dieux : Lucrèce aurait alors expliqué que les phénomènes naturels ne sauraient être surnaturels, pas plus que les dieux qui, loin d'être surnaturels ou démiurges du surnaturel, sont eux aussi naturels, car constitués d'atomes et sis dans les intermondes, points de conjonction nécessaires dans la configuration de leur pluralité. De ces descriptions démythologisantes, le philosophe serait passé aux épidémies pour montrer qu'elles non plus n'ont rien à voir avec une vengeance ou une punition des dieux.

D'où vient donc la peste en effet, qui tue tous les vivants, aussi bien les hommes que les animaux ? Quelle en est la généalogie – la *naissance* ? Lucrèce répond en convoquant des « germes » :

> « Je veux le dire à présent. Maints germes sont les dépôts,
> Où, pour nous, je l'ai dit, puise et se ressource la vie. »
>
> (VI.1094-1095)

Il y a donc des germes de vie, il existe aussi des germes de mort. Lucrèce parle là aussi, là encore, de pluies abondantes, de chaleur, de putréfaction. Pas de dieux, une coction des atomes qui génère des agencements mortels. La mort est faite d'atomes qui dansent eux aussi dans l'atmosphère. Ces particules portent la mort.

Lucrèce raconte ensuite les progrès du mal : la fièvre, l'œil brillant injecté d'un sang qui se répand aussi dans les gorges noircies ; la voix meurt dans ces trachées pourries ; la langue saigne, devient râpeuse ; la pestilence va vers le cœur, quand elle y pénètre, c'est fini…

> « La bouche répandait des haleines fétides
> Comme en exhalent en gisant les cadavres putrides ;
> Et, leur âme épuisant son souffle à cet ultime effort,
> Tout le corps tombait en langueur, comme au seuil de la mort.
> À ces maux affligeants s'ajoutait l'angoisse anxieuse,
> Leur compagne assidue, et sa plainte geigneuse ;

Un sanglot souvent la nuit et parfois même le jour.
Secouait sans les lâcher tous les membres à leur tour,
Brisait ces malheureux, et comblait leur fatigue.
La fièvre ne semblait de ses feux point prodigue,
En surface, la peau n'offrait point d'excessive ardeur,
Au palper on ne sentait qu'une faible tiédeur,
Mais, rougi d'ulcères, le corps n'était plus que brûlure,
Comme lorsqu'un feu sacré partout gagne et s'aventure.
L'intime jusqu'aux os au fond d'eux les brûlait,
Leur ventre était une fournaise où la fièvre bouillait :
Mince ou légère, rien n'eût fait garder une chemise,
L'on ne souffrait que le vent et la fraîcheur de la brise.»

(VI.1154-1170)

Les pestiférés se jettent dans l'eau glacée des puits, ils boivent, consumés par une soif incandescente, ils tombent les uns après les autres, ils meurent devant des médecins impuissants.

Lucrèce raconte la mort qui vient, qui monte, qui s'approche : les yeux ravagés par la fièvre et le manque de sommeil, des bourdonnements dans les oreilles, le souffle court entrecoupé de râles, de la sueur dans les rides du cou, de fins crachats rougeâtres, des toux rauques qui peinent à sortir du thorax, des mains crispées, des tremblements de tous les membres, le froid qui part des pieds et envahit toute la carcasse. Puis les signes ultimes : la narine pincée, le nez aminci, l'œil cave, la peau froide, la tempe creuse, un rictus aux lèvres, un front gonflé, bouffi. Au matin du neuvième jour, la mort emporte le supplicié.

> «Certains parfois réchappaient de ces funestes accès,
>
> Mais ceux-là, d'ulcères rongés, pris d'un noir flux de ventre,
>
> De partout pourrissant, de la mort bientôt étaient l'antre.
>
> Souvent même, à flots, avec un mal de tête odieux,

Le sang, montant à la narine, en coulait, sanieux,
Vidant ainsi les corps de toute leur substance.
Qui réchappait du flux putride et de la pestilence,
Le mal prenait aux nerfs et dans les membres bientôt ;
Des génitoires souvent il était même le lot.
Se voyant au seul de la mort, certains, pris de leurs peurs viles,
Pour survivre tranchaient dans leurs parties viriles.
Des fantômes restaient sans jambes ou sans bras,
D'autres encore erraient dont l'œil crevait ne voyait pas,
Tant l'âcre peur de la mort leur était en l'âme entrée !
La mémoire chez certains s'était même évaporée,
Au point de ne pouvoir se reconnaître eux-mêmes. »

(VI.1199-1214)

Lucrèce raconte les monceaux cadavres qui pourrissent à même le sol. La pestilence est telle que même les charognards et les bêtes de proie refusent de dépecer les carcasses gonflées par le soleil. Si d'aventure ces animaux touchaient à ces corps putréfiés, ils mouraient ; ils n'y ont pas touché, ils sont morts tout de même. Ceux que la camarde épargne sont des morts-vivants. Ils se consument avant de finir par mourir eux aussi à la vue des convois qui suivent les défunts conduits au cimetière. Ils meurent d'avoir vu la mort. Tous ont perdu des proches. Des morts sont accrochés au puits où ils allaient boire. D'autres jonchent les temples.

> « La religion, le sacré, fardeaux bien inutiles,
> Ne pesaient rien alors face aux malheurs du temps.
> Le souvenir semblait éteint chez tous les habitants
> Des rites du tombeau qu'ils observaient naguère.
> Bouleversé, tremblant, de frissons agité,
> Chacun se dépêchait de rendre les siens à la terre.
> L'urgence inspira mainte horreur, jointe à la pauvreté,

Et sur des bûchers dressés par des tribus différentes
Ils jetaient leurs défunts, puis, parmi les clameurs,
Y boutant le feu, s'affrontaient en des rixes sanglantes
Plutôt que d'abandonner là le cadavre des leurs ! »

(VI.1276-1286)

Le poème s'arrête là, avec cette terrible image de moribonds qui se battent pour enterrer leurs morts – une allégorie de la condition humaine…

Si d'aventure Lucrèce avait fini en proposant le miel de cette absinthe et qu'il avait envisagé d'opposer ce tableau thanatologique à un autre qui en aurait été le contrepoint, qu'aurait-il été ?

Possiblement un moment positif, du moins un moment qui propose une contre-force à cette allégorie de la nature humaine. On pourrait imaginer que ce qui de l'épicurisme manque au poème de Lucrèce s'y trouverait : des considérations sur la diététique des désirs naturels et nécessaires, les mérites comparés du plaisir catastématique, soit au repos, celui des épicuriens, et du plaisir cinétique, soit en mouvement, celui des cyrénaïques, les joies de l'amitié, le bonheur de la vie simple et frugale – en attendant la mort qui ne saurait manquer de venir…

Pour ce faire, j'aime à penser que Lucrèce ait pu connaître le jardin épicurien de Philodème de Gadara, qui fonde l'épicurisme romain en Campanie. Philodème est né à Gadara en Décapole, actuellement la Jordanie, il se rend à Athènes, puis à Rome et en Campanie. On peut imaginer qu'il ait pu côtoyer Virgile et Horace dans ce cercle épicurien. Pourquoi pas Lucrèce ? Rien n'interdit non plus qu'il ait fréquenté la villa des Pison, dite des Papyrus, à Herculanum, qui a été recouverte par la boue lors de l'éruption du Vésuve. Sous cette coulée pétrifiée, les archéologues ont découvert une partie de la bibliothèque des Pison. Dont des œuvres de Philodème et certains textes inédits d'Épicure. Peut-être qu'un jour les excavations mettront à jour de nouvelles jarres remplies de rouleaux inédits révélant des philosophes jusqu'alors inconnus – voire un exemplaire intégral de ***La Naissance des choses*** !

Cette villa était un lieu destiné à permettre la vie philosophique, qui s'avère l'horizon indépassable de toute philosophie digne de ce nom. Dans la baie de Naples, en hauteur, avec vue sur la mer, elle était conçue pour la méditation et la vie en communauté : des bustes de philosophes ou de sages de l'Antiquité, sinon de ses grands hommes à des fins de mémoire et d'édification ; une bibliothèque fournie ; un belvédère pour la jouissance du paysage sublime ; une salle pour des repas pris en commun avec la frugalité rendue possible par le lieu : les sardines pêchées dans la mer en contrebas, l'huile extraite des oliviers aux alentours, un pain fabriqué et cuit sur place, du foie de porc avec des oignons, une chicorée, des laitues, des pois chiches produits par le potager, du fromage des chèvres qui paissent dans les champs à côté caillé dans le sel, un vin léger tiré des vignes du cru. On est loin de la tranche de pain et du verre d'eau d'Épicure… La cuisine est un exercice philosophique : simplicité, authenticité – vérité. Elle est modeste et témoigne de la prodigalité de la nature contre trop de culture. Les tétines ou les vulves de truies farcies, les langues de passereaux, les sangliers remplis d'oiseaux, tout cela est bon pour la Rome décadente de Pétrone. La Rome de Lucrèce est son antidote.

Ceux qui se trouvent là vivent selon l'amitié. À Rome, on n'est pas à Athènes, on croit moins au concept idéal d'Amitié qu'aux preuves de celle-ci. Dans cette villa, on pratique la conversation philosophique, le plaisir d'être ensemble, les échanges sur les lectures, la construction de couples intellectuels ataraxiques, l'édification de soi par des maîtres qui élèvent leurs disciples, la joie aux repas pris ensemble, les bonheurs simples de nourritures saines, le sentiment de plénitude au spectacle pris de la vastitude de la mer dans le golfe de Naples – je l'ai expérimenté…

Rêvons un peu d'un Lucrèce qui, s'y trouvant, verrait au loin un navire mal calfaté en difficulté et jubilerait du plaisir qu'il y a à échapper aux misères du monde, ce serait alors l'origine de son fameux *suave mari magno*… Il aurait pu, dans la bibliothèque aux volets mi-clos, voir ce fameux rai de lumière dans lequel auraient dansé des poussières. Dans ce même endroit, il aurait pu lire Démocrite et Épicure, Homère ou Platon, sinon ***La Guerre du Péloponnèse*** d'un Thucydide racontant la peste d'Athènes. Et puis, enfin, pourquoi pas, il aurait pu écrire tout ou partie de ce poème dans ce lieu divin.

Semblables à des dieux, expérimentant le plaisir catastématique de l'absence de troubles, ces hommes purifiés d'une matière lourde au profit d'une matière subtile connaissaient la joie de mener une vie philosophique.

Dans l'hypothèse d'une peste racontée de façon allégorique, un contre-feu philosophique aurait pu être allumé par Lucrèce dans des vers montrant que, dans une existence dominée par l'entropie, en attendant la décomposition de l'être, le mode de vie épicurien propose une consolation. De la conversion à la consolation, il y a tout le trajet qui conduit des ténèbres existentielles aux lumières de la puissance d'exister. Vivre selon Lucrèce, c'est emprunter ce chemin.

Conclusion

Vivre selon Lucrèce

J'ai beaucoup lu sur Lucrèce au cours de ces… quarante dernières années ! Nombre de travaux universitaires sont des découpages de l'œuvre en morceaux, avec recomposition de ces parties dans des chapitres bricolés par le gloseur. Sous les atours de la fameuse scientificité universitaire, il y a là : le chrétien qui déplore que cet homme sans Dieu fasse l'éloge d'une volupté que la tristesse du système condamne, comme si l'une ne pouvait pas être la réponse à l'autre ; le psychiatre qui étend le malade Lucrèce sur son divan et diagnostique de l'anxiété et les troubles pathologiques d'une folie, non sans ajouter que cette folie va de pair avec le génie ; le communiste qui fait de Lucrèce un matérialiste athée précurseur, via les Lumières, du matérialisme dialectique de Marx ; la féministe pour qui ***La Naissance des choses*** est un bréviaire machiste qui prône la violence envers les femmes ; le professeur Tournesol qui affirme que le philosophe épicurien n'est ni philosophe ni épicurien – tout est possible… Il y a également le spécialiste ; il a fait sa thèse sur ce sujet, du poids des atomes chez Lucrèce, des références aux fragments d'Anaxagore dans l'œuvre complète, des « coordonnées stylistiques de la terminologie chromatique chez Lucrèce », des allitérations intensives dans le poème, voire des incohérences dans l'œuvre du philosophe – là aussi, là encore, tout est possible…

Ces bibliographies ont leur intérêt – pour les bibliographes.

Mais on peut aussi aborder l'œuvre autrement, en se posant d'autres questions. Par exemple : que peut bien nous dire, deux mille ans plus tard, ce chef-d'œuvre poétique et philosophique qu'est ***La Naissance des choses*** ? Peut-on, aujourd'hui, être épicurien et, si oui, de quelle manière ? Y a-t-il une différence entre se réclamer de l'Athénien Épicure ou du Romain Lucrèce ? Construire toute une philosophie, sagesse comprise, sur la seule physique, est-ce encore concevable ? Qu'est-ce qui, dans ces presque dix mille vers, se trouve validé ou invalidé par vingt siècles de science et de savoir ? Y a-t-il, à notre époque, des équivalents aux platoniciens et aux épicuriens ?

Ces questions s'imposent car, à quoi bon l'histoire de la philosophie si ce n'est pour rendre possible, via Lucrèce, une sagesse existentielle, une pratique effective de la philosophie, en un mot : une vie philosophique *aujourd'hui* ?

Dès lors, on peut bien sûr répondre à ces questions : ce chef-d'œuvre nous offre un mode d'emploi existentiel versifié, un horizon de vie quotidienne, une méthode pour construire son existence dans la direction de la sagesse qui consiste à souffrir le moins possible, pas seulement de la faim ou de la soif, mais aussi et surtout de ce qui advient après la mort, de la folie des hommes, de leur bêtise, à être le moins malheureux possible, autrement dit : à être le plus heureux qui soit. Dans cette perspective, oui, on peut être épicurien car les leçons données par le philosophe romain restent d'une étonnante actualité, elles sont d'une incroyable simplicité et d'une véritable fraîcheur. Oui, l'épicurisme d'Épicure et celui de Lucrèce ne sont pas les mêmes, le premier est austère, il accompagne l'idéal ascétique dont le christianisme fera son miel, le second est tragique, il sait que la volupté et la mort sont avers et revers de la même médaille, non pas que l'une surgisse dans l'approbation de la vie jusque dans la mort, à la mode sadienne de Saint-Germain-des-Prés, mais dans l'opposition de l'une, le plaisir, à l'autre, le trépas, comme un jeu de forces qui équilibre l'existence. De cette volupté païenne, saint Jérôme ne s'y est pas trompé, le christianisme ne pourra rien faire d'autre que de la combattre. Pendant des siècles, l'épicurisme romain fonctionne comme une machine de guerre contre le mépris chrétien de la vie, des désirs, des passions, des pulsions, du corps, de la chair.

Enfin, deux mille ans plus tard, la science ayant évolué de la façon incroyable que chacun sait, nombre d'intuitions de Lucrèce se trouvent validées. Ainsi le transformisme de Lamarck, l'évolutionnisme de Darwin ou la pluralité des mondes de la physique quantique de Max Planck, sinon le modèle d'un univers chiffonné fini mais sans bornes de l'astrophysicien Jean-Pierre Luminet, donnent raison au philosophe-poète.

Certes, la théorie de la génération spontanée a été invalidée par les recherches de Pasteur qui, après le développement de l'usage du microscope découvert au XVIIe siècle, constate qu'il existe une vie microbienne avec ses lois. Mais les considérations de Lucrèce sur un principe de fermentation qui permet le passage du mécanique au vivant, de l'atome à la vie, cet «élan vital» (III.396 et III.561) – selon la traduction bergsonienne de Charles Guittard – semble un principe vitaliste qui, de toute façon, s'avère atomiste, mécaniste et matérialiste, ce qui exclut une génération spontanée de type idéaliste, spiritualiste – pour tout dire, démiurgique ou magique…

Où l'on voit qu'on peut construire toute une philosophie sur une physique. J'en veux pour exemple cette théorie lucrétienne de la pluralité des mondes doublée de cette idée que, avec une infinité d'univers, il est impossible que la vie n'existe pas dans un certain nombre d'entre eux.

L'hypothèse de la pluralité des mondes se trouve aujourd'hui validée par la physique quantique. Sans entrer dans les détails techniques, je voudrais *penser une image*[2] qui permet de comprendre les perspectives métaphysiques ouvertes par la physique quantique. Imaginez-vous dans votre baignoire; versez la totalité du contenu de votre bouteille de bain moussant sous le jet de votre robinet; une mousse se forme qui va remplir la surface de l'eau du bain; elle va déborder la baignoire et

2. J'emprunte cette image à Tobias Hürter et Max Rauner, ***Les Univers parallèles. Du géocentrisme au multivers***, CNRS édition, p. 145.

remplir la salle de bains, qu'elle va saturer ; la mousse va sortir de cette pièce et envahir le couloir, les autres pièces, la cave et le grenier de la maison avant de sortir de cette maison pour faire de même avec la rue dans laquelle vous habitez, puis le quartier, puis la ville, puis le département, puis la région, puis le pays, puis l'Europe, puis la Terre tout entière ; mais cette expansion ne s'arrête pas là, poursuivez-la jusqu'aux limites du monde connu – de la mousse partout, des bulles partout, sur une surface infinie. On imagine le nombre de bulles… Eh bien, chaque bulle est un univers avec ses règles, ses lois, sa physique, son astrophysique, son ordre ! Notre univers jusqu'à ses limites, si tant est qu'on puisse parler de limites, est l'une de ses bulles – *une seulement…* Impossible donc que dans l'une de ces autres bulles, dans l'un de ces univers qui composent un multivers, il n'y ait pas aussi du vivant. Sous quelle forme ? La théorie des probabilités répond : sous toutes les formes connues, mais surtout inconnues ! Un univers très exactement semblable au nôtre est possible, mais aussi le même à rebours, un univers peuplé d'enclumes seulement si l'on veut, ou de têtes d'épingles, un univers qui ignore le temps, ou l'espace, ou la lumière, ou la matière, un univers qui réplique le nôtre avec mille ans d'écart, dans un sens ou dans l'autre, un univers dans lequel on va du cercueil au berceau : l'imagination ne saurait concevoir ce qui s'avère ainsi possible. Tout le pensable est possible, l'impensable aussi. La théorie nietzschéenne de l'éternel retour du même trouve ici sa validation. Celle de la mort et de la renaissance des mondes de Lucrèce aussi.

Pour l'heure, dans ce monde-ci, dont il nous faut nous contenter, Lucrèce nous donne de quoi construire une vie sereine, ataraxique, heureuse. Ces leçons peuvent servir ici et maintenant si on le souhaite. On peut donc être épicurien si l'on veut dans un monde où l'homme a marché sur la Lune. De même, on peut être platonicien et croire à l'existence d'un monde uniquement constitué d'Idées pures – dans une configuration quantique, ce monde existe aussi ! Dans l'ordre de notre Univers, c'est une pure et simple fiction.

L'enseignement du sublime poème de Lucrèce peut être ramassé en quelques principes. Les voici :

1. La conversion à l'épicurisme est possible.
2. La poésie et la philosophie peuvent cohabiter.
3. La clarté stylistique existe en philosophie.
4. Le réel est matériel.
5. L'immatériel est une fiction.
6. L'au-delà de la physique n'existe pas.
7. La physique abolit la métaphysique.
8. La connaissance passe par les sens.
9. La raison détruit les chimères.
10. La science fait reculer les croyances.
11. Dieu est une fiction créée par les hommes.
12. La religion est superstition.
13. Le matérialisme est un vitalisme.
14. La passion amoureuse abolit la raison.
15. L'amour ataraxique est possible.
16. La peur de la mort abîme la vie.
17. La mort n'est pas à craindre.
18. L'atome est immortel.
19. Le vivant meurt et renaît.
20. Le monde est imparfait.
21. Le progrès va vers son contraire.
22. Les civilisations meurent.
23. Le contrat social est ataraxique.
24. Le pouvoir est immanent.
25. Les mondes sont pluriels et multiples.
26. Le libre arbitre permet la conversion existentielle.

Il n'y a plus qu'à vouloir…

FIN

Table

La photocomposition de cet ouvrage
a été réalisée par
GRAPHIC HAINAUT
30, rue Pierre Mathieu
59410 Anzin

Imprimé en France par CPI
en novembre 2021

MIXTE
Papier
FSC FSC® C003309

L'éditeur de cet ouvrage s'engage dans une démarche
de certification FSC® qui contribue à la préservation
des forêts pour les générations futures.

Pour en savoir plus :
www.editis.com/engagement-rse/

N° d'édition : 63202/01
N° d'impression : 166798